教育部人文社会科学重点研究基地中国人民大学欧洲问题研究中心资助

让欧洲再次伟大

旧力量、新未来

Make Europe Great Again:
A New Future for the
Old Great Power

[比利时]斯万·毕斯普（Sven Biscop） 著

徐莹 关孔文 郎加泽仁 译

中国社会科学出版社

图字：01-2018-5584 号

图书在版编目(CIP)数据

让欧洲再次伟大：旧力量、新未来/（比）斯万·毕斯普著；徐莹，关孔文，郎加泽仁译．—北京：中国社会科学出版社，2021.10（2022.10重印）

书名原文：Make Europe Great Again-A New Future for the Old Great Power

ISBN 978-7-5203-8029-4

Ⅰ.①让… Ⅱ.①斯…②徐…③关…④郎… Ⅲ.①国家安全—研究—欧洲 Ⅳ.①D750.35

中国版本图书馆 CIP 数据核字（2021）第 038308 号

© 2017, Lannoo Publishers. For the original edition.

Original title：Make Europe Great Again. Translated from the English language

www.lannoo.com

© 2021, China Social Sciences Press. For the Simplified Chinese edition.

出 版 人	赵剑英
责任编辑	赵 丽
责任校对	王佳玉
责任印制	王 超

出　　版	中国社会科学出版社
社　　址	北京鼓楼西大街甲 158 号
邮　　编	100720
网　　址	http://www.csspw.cn
发 行 部	010-84083685
门 市 部	010-84029450
经　　销	新华书店及其他书店
印　　刷	北京明恒达印务有限公司
装　　订	廊坊市广阳区广增装订厂
版　　次	2021 年 10 月第 1 版
印　　次	2022 年 10 月第 2 次印刷
开　　本	710×1000　1/16
印　　张	11.75
字　　数	161 千字
定　　价	68.00 元

凡购买中国社会科学出版社图书，如有质量问题请与本社营销中心联系调换

电话：010-84083683

版权所有　侵权必究

目　　录

绪　论 ………………………………………………………………（1）

第一章　价值观与地缘政治：欧洲是谁？它又在哪里？ ………（5）
　　乌克兰：如何不做事 ……………………………………………（5）
　　对权力之黑暗面视而不见 ………………………………………（8）
　　欧洲的战略依赖性 ………………………………………………（10）
　　欧洲强大故事的弱点 ……………………………………………（12）
　　含蓄的实用主义 …………………………………………………（16）
　　欧洲战略之分歧 …………………………………………………（20）

第二章　战略：欧洲能做什么？欧洲想要什么？ ………………（25）
　　价值观？ …………………………………………………………（25）
　　推广价值观？ ……………………………………………………（26）
　　实用主义的折中路径：平等 ……………………………………（30）
　　输出平等 …………………………………………………………（32）
　　没有主权，何谈平等 ……………………………………………（36）
　　具有欧洲特色的现实政治 ………………………………………（37）
　　莫盖里尼的优先目标 ……………………………………………（40）

立足实际，切实可行 …………………………………………（44）

第三章　欧洲与诸大国 ……………………………………（46）
　　有这样的朋友 ……………………………………………（46）
　　不可预测性 ………………………………………………（53）
　　超越特朗普 ………………………………………………（56）
　　在亚洲的雄心 ……………………………………………（60）
　　俄罗斯的威胁？ …………………………………………（63）
　　对俄罗斯的耐心 …………………………………………（66）
　　欧—俄—中三角 …………………………………………（70）
　　多边场合 …………………………………………………（74）

第四章　欧洲与其邻居 ……………………………………（77）
　　"中间欧洲" ………………………………………………（77）
　　谁的复原力？ ……………………………………………（81）
　　南方的盟友 ………………………………………………（85）
　　欧洲干预 …………………………………………………（87）
　　安全保证 …………………………………………………（92）

第五章　欧洲、军事力量及北约 …………………………（98）
　　军事原则：途径 …………………………………………（99）
　　为欧洲而战：理由 ………………………………………（102）
　　最低程度介入 ……………………………………………（105）
　　为正义而战 ………………………………………………（110）
　　保卫欧洲 …………………………………………………（114）
　　军事抱负 …………………………………………………（119）
　　北约怎么办？ ……………………………………………（124）

分工 ……………………………………………………… (129)
　　走向欧盟—美国联盟？ …………………………… (135)

第六章　欧洲防务甚或是一支欧洲军队 ………………… (138)
　　预算和比例 ………………………………………… (139)
　　军事主权 …………………………………………… (142)
　　军事一体化：战略工具 …………………………… (143)
　　军事一体化：作战单位/部队 …………………… (146)
　　欧盟委员会的角色 ………………………………… (150)
　　难题 ………………………………………………… (152)

第七章　英国脱欧，战略及欧盟：英国离开 …………… (156)
　　起初 ………………………………………………… (156)
　　假象 ………………………………………………… (159)
　　欧盟之外，北约之内 ……………………………… (162)
　　欧盟之外，欧洲之内 ……………………………… (164)
　　外交政策怎么办？ ………………………………… (167)
　　是实用主义还是激情 ……………………………… (169)

第八章　结论：我们这么做是为了哪个欧洲？ ………… (171)
　　焦躁不安 …………………………………………… (171)
　　回归基本原则 ……………………………………… (173)
　　一个核心集团？ …………………………………… (175)
　　大政治活动 ………………………………………… (177)

缩略语 ……………………………………………………… (179)

绪　　论

过去，当英国和法国还是帝国的时候，甚至连我的祖国比利时都拥有殖民地的时候，我们也玩弄强权政治，且毫无抑制地追求我们的利益。然而，自欧洲国家选择团结在欧盟之中后，我们假装欧盟共同外交与防务政策只会让世界变得更加美好，好像欧盟仅仅是一个巨大的非营利机构。在国内政治领域，不证自明的是，各类利益团体就只会这么做：维护它们的利益。在外交政策领域，我们几乎开始视利益为肮脏的字眼。当我参加研讨会时，经常听到某些人批评欧洲对某国进行了对外干涉，然而欧洲介入的领域却又符合批评者利益。而我通常的回应是：难道你是希望在情势与我们的利益相悖之时，花上纳税人的钱，又置我们的外交官与军人的生命于危险之中，再出兵干涉吗？

当然，跟任何其他政策一样，外交、安全与防务政策都利益攸关。这既不好也不坏：它是政策之本质。显然，追求这些利益既有好的方式，也有坏的渠道。通过与邻国合作，一个国家可以确保其利益；有些国家则通过入侵、抢夺土地来确保其利益。外交、安全与防务政策都关乎利益，这是不言而喻的现实，只有欧洲不这样认为。

的确，利益不是决定外交政策的唯一因素，价值观也发挥着作用。决策的首要原则是：认识自我。我为谁制定政策？该问题的答案就是欧洲的价值观，它们对我们建立的社会模式具有决定性作用。为实现那样的社会模式，即若要使"欧洲式的生活"（用美语来说）继续存在，需要满足数个条件。在政治、经济、安全领域，那些价值观都是我们的重大利益，且保障着我们体系之根本生存。下一步就是要观察欧洲的周边环境，评估是否有任何对这些重大利益构成威胁的事件或事态发展。然后，必须做出选择：哪些是需要通过反应性、预防性方式优先回应的问题。好的政策不仅旨在解决问题，亦在预防问题的发生。因此，对于每个需要优先处理的事项，必须制定目标（我们想要获取什么），选择工具（我们想怎么去做），配置手段（为此愿意付出什么）。这又涉及价值观的问题：不是所有的目标和工具都是合理的，只有那些跟我们的价值观相吻合的目标与工具才具有合法性基础。

这就是我们可以称之为一国或多国集团（如欧盟）的大战略。各国通过外交、安全、防务政策整合所有工具（包括援助、贸易、外交和防务）来捍卫各自重大利益。我们的价值观对什么样的大战略（可接受的）起着决定性作用，而我们的利益则决定着大战略需要优先解决的内容。

一旦被采纳，就要利用权势来实施战略：通过政治、经济、军事力量来诱使、说服，或如有必要，迫使其他人按照我们的利益行事。说到这，可能所有欧洲人又在皱眉。但我们一直以来忘记了这样一个事实，那就是我们的利益也有可能是其他人的利益。利益有可能，但并不必然相互排斥。聪明的战略家将会追求双赢，以便在没有冲突且在无须使用强制力的情况下捍卫他的利益。这就是为什么软实力很重要：我们社会模式的吸引力会通过良性的方式促使他人向我们及我们的战略看齐。然而，有时候强制力不可避免。如果没有其他方式保障重大利益，那么也只能诉诸威胁、或经济硬实力（制裁与禁运）、抑或在特殊情况下动用军事力量等手段。

绪　论

作为旧力量的欧洲已经忘记权力是什么了吗？此问题是本书的出发点。欧洲人不再习惯于通过我刚刚概括的战略进程来看世界。我们不再系统性地思考战略，思考我们的目标应该是什么，思考如何通过使用我们的力量实现目标。甚至，当我给成员国和欧盟机构的外交官和军官做讲座时（我经常为之），我时常会被问到这样的问题：战略真的有必要吗？欧洲仍然有巨大的权势潜力：欧盟是世界最大的经济体，是最为平等的社会，而且除美国之外它的防务开支最大。但是，我们忘记了权力的重要性，因此我们表现得不像是一个强大的权力体。大部分欧洲国家都是这样，当然欧盟亦如此。欧盟是欧洲的政治重心，但是它在世界上没有多少影响力。其他行为体没有把欧洲视为强大的权力体，因此也就不会把它当作一个整体。

这并非没有风险，因为很多其他国家深知权力意味着什么，且会毫不犹豫地使用它（包括军事力量）来追求利益。当然，这也同样适用于大国（比如，具有全球影响力的国家：美国、中国和俄罗斯），和很多区域性力量（比如，伊朗、沙特阿拉伯和土耳其）。这并不意味着这些国家总是会成功，但这却说明它们深知什么是它们想要的。此外，权力平衡正在发生改变。在冷战的两极格局中，只有两个超级大国；此后是短暂的单极时期，美国似乎是唯一的超级大国；现在，很显然我们迎来了多极时代，各国根据当前问题以不同的方式既竞争又合作。这样的世界秩序必然带来巨大的冲突风险。衰退中的大国（俄罗斯），迅速崛起中的大国（中国），视中国的崛起为威胁其地位的大国（美国）都有可能采取极端行动，更不用提区域性大国之间潜在的冲突（比如，伊朗和沙特阿拉伯在海湾区争夺支配权）。

如果欧洲国家不愿被动地经历这一切，而是要积极地塑造世界，那么它们只能团结起来，比如以欧盟为单位或至少以其中的核心团体为单位，发挥其稳定作用。数年来，欧盟的发展绝非尽善尽美，但今

让欧洲再次伟大：旧力量、新未来

天并没有哪个欧洲国家能够指望脱颖而出，从而影响世界政治。这也是我在本书中主要谈论欧盟的原因，因为欧盟是欧洲再次伟大的唯一途径。"让欧洲再次伟大"：唐纳德·特朗普的竞选口号同样适用于欧盟。但也有所不同。"再次伟大"是肯定的，但它既不是以牺牲我们独特的平等社会模式为代价来换取，也不是依靠不择手段来赢得。欧洲的抱负不应该成为像其他强国一样的力量。欧洲在世界舞台上能够扮演自己独特的角色，尊重我们自己社会基础之价值观，并向其他地区倡导这些价值观。然而，前提是欧洲必须学会如何使用其所拥有的权力。援引欧盟委员会前主席雅克·德洛尔（Jacques Delors）的话来说：我们这个时代，在智识上的最大偏误就是开始把人道主义当成外交政策。①

---

① "20世纪90年代初，雅克·德洛尔特别指出欧洲没有能力结束前南斯拉夫的内战。"——本书作者

第一章

价值观与地缘政治：欧洲是谁？它又在哪里？

"怎么做"是一回事，"做什么"又是一回事。前者是策略，而后者是战略。可惜的是，如果战略有误，完美的策略实施也不会产生结果。欧盟卷入乌克兰危机的方式就能够极佳地阐明二者的区别。

乌克兰：如何不做事

当欧盟决定与乌克兰达成具有深远影响的贸易协定时，欧洲委员会庞大的系统便开始全面参与到对复杂技术谈判的管控之中。按照指南，一切都做得很完美，因为贸易总司的官员们是熟知其谈判要点的业内人士。本应该提出的问题是，基于乌克兰的政治经济发展状况，该国是否已准备好达成该协议。毕竟，这项协议要求乌克兰接受大量欧盟现有的规章制度。欧盟委员会一旦启动谈判之后，的确没犯过一个错误。除了一个灾难性的错误，那就是误认为谈判是在没有战略与地缘政治因素的真空中进行，它不过是一件技术活而已，可以由技术人员轻松处理。但事实上这完全是一个政治事件。很多观察员早已告诫欧盟，正如一些欧盟成员国的外交人员和欧盟官员所做的那样。

俄罗斯根本就没有把贸易谈判视为一件技术活，而是把它看作来自欧方的一个地缘政治挑战。在俄方看来，欧盟与北约在数次扩张之后已逼近俄罗斯边境，而现在欧盟正在利用其经济实力策划"西方"对另一个苏维埃加盟共和国的入侵。因此，对俄罗斯总统普京而言，这永远不会是一个双赢的局面。他的战略观始终认为，俄罗斯和西方是零和博弈关系，即欧盟或北约之所得便是俄罗斯之所失。普京的目标是把苏联国家纳入其势力范围。势力范围暗示着一种排他性：即普京想要使俄罗斯成为该区域唯一的强权。无论布鲁塞尔愿意还是不愿意（很可能是不愿意，因为欧盟根本没有考虑到地缘政治环境），它已陷入了与莫斯科的地缘政治竞争之中。对此，布鲁塞尔显然还没有应对的战略。

故事接下来的部分便是众所周知的。俄罗斯开始向乌克兰总统亚努科维奇施加巨大压力，而后者于2013年11月屈服并且终止了与欧盟的谈判，这直接导致其国内政治动乱的升级。乌克兰是一个严重分裂的国家：如果说其西部愿意向布鲁塞尔看齐的话，东部则主要心向莫斯科。任何人都不应该迫使该国在这两种倾向中做出抉择。如果有人迫使我自己的双语国家（比利时）在法国抑或与荷兰之间做选择，而非与两者同时建立关系，设想结果会是怎样？显然，这样会导致危机。乌克兰危机便是如此，基辅独立广场上的大规模示威活动就是这一危机的表现。2014年2月，乌克兰危机迫使总统下台，之后反对派开始执政。

因此，眼看俄罗斯对乌克兰的影响消失殆尽，同月，俄罗斯军队开始占领克里米亚半岛。2014年3月18日，俄罗斯正式吞并克里米亚半岛。同月，在俄罗斯的军事帮助下，包括武器、设备与非正规军（所谓的"小绿人"），乌克兰东部的分裂主义叛军在顿涅茨克和卢甘斯克市周边的顿巴斯地区发动了针对基辅中央政府的武装起义。作为回应，欧盟（和美国）实施了制裁，紧接着俄罗斯在欧盟与北约边境摆出准备开战的姿态。于是，北约在波罗的海诸国与波兰增派了

第一章 价值观与地缘政治：欧洲是谁？它又在哪里？

兵力。

自此，乌克兰局势完全陷入僵局。俄欧关系已经冻结（尽管欧洲人还需要俄罗斯的能源）。欧盟面临着一个道德困境。一方面，欧盟激励乌克兰反对派。在世界媒体面前，与挥舞着欧盟旗子的示威者混在一起对很多欧洲政治家来说是难以抵抗的诱惑。当然，在这种情况下至少仍有一些人能对欧盟充满热望，这的确让人鼓舞振奋。我们也希望在欧盟区域内目睹更多这样的热情。另一方面，当我们试图促进更加紧密的乌欧关系时，俄乌关系却惹上麻烦，而且帮助解决此问题的意愿有限。没有人会因为乌克兰而向俄罗斯发动战争。理应如此，但是这让乌克兰对西方十分失望，因为乌克兰本希望能够从西方国家得到更多的军事援助。

当我受欧盟之邀，在基辅国防大学的年度研讨会上面对数百名乌克兰军官发言时，我能够目睹这种情况。人们可能首先会问，在基辅组织研讨会，且由欧洲学者与官员来解释欧盟在哪些其他国家展开军事行动，这一切是否妥当？无论是在演讲时，还是在落笔的当下，我都得说，自他们从宽檐帽子之下用怀疑的眼神注视我起，我就知道那些军官并不喜欢我。然而，消除任何虚无缥缈的期望对各方都有益。

与此同时，布鲁塞尔显然已对乌克兰问题感到疲倦。现在，我们与乌克兰就僵在这儿了。由于俄罗斯的挑衅，乌克兰现在转向西方。因此，帮助乌克兰走上正道是我们的责任。然而，对于一个在很多方面都落后的大国，将其拉回正道是一个巨大的政治与经济挑战。改革确实进行得很慢。基辅机场附近的海报说明了它的主要问题之一："乌克兰对腐败说不。"换言之，乌克兰有腐败问题，否则那些海报是没有必要的。

在乌克兰危机之前，俄罗斯就已制定在苏联国家建立专属势力范围的战略。早在2008年，俄罗斯与格鲁吉亚之间就有一场战争。格鲁吉亚太过亲近西方，且与俄罗斯背道而驰。这场战争导致两个地区脱离了格鲁吉亚：南奥塞梯和阿布哈兹。只有俄罗斯承认它们为独立国家。这可能也暗示着顿巴斯的未来。因此，俄欧关系中的冲突或许不可避免，除非欧盟因顾及俄罗斯的利益而最大限度地弱化它与东部各邻国之间的关系。当然，只要东部邻国自己寻求与欧盟建立密切关系，弱化双边关系是绝不会发生的。然而，若不是因为欧盟对乌克兰问题的仓促处置以及欧盟对经济实力毫无意识且毫无战略性的使用，我们可能不会发现俄欧危机如此严峻。与梦游到第一次世界大战的人相比较，这么说并非牵强附会。

战略思维至关重要，这必须是乌克兰危机的首要结论。欧盟还可以从中吸取怎样的教训呢？对于欧盟的自我认知，它们又意味着什么？

对权力之黑暗面视而不见

首个教训是：对国际政治的反面——"权力之黑暗面"——视而不见是危险的。然而，这是欧盟近年来一直在做的。对欧盟而言，似乎地缘政治不再要紧，强权政治不再存在，大国之间的合作能够解决所有的问题。俄罗斯—格鲁吉亚战争就是一个警告，但是它还不足以把欧盟从沉睡中唤醒。布鲁塞尔不是很待见当时的格鲁吉亚总统米哈伊·萨卡什维利。很多人认为，是他的挑衅政策引火上身。尽管数个东欧成员国恳请欧盟强烈回应俄罗斯，但是，欧盟很快回归往常。

然而，俄罗斯入侵乌克兰之事迫使所有欧盟成员国睁开眼睛。你瞧：地缘政治仍然要紧，大国仍在玩弄强权政治。自此，中东、海湾地区、叙利亚、伊朗和也门发生了数次战争，而大国和区域力量直接或间接地牵涉其中。在那些战争中，大国支持各自的同盟，且相互较量（所谓的"代理战争"），但是也有大国直接干涉其中。

然而，我们长久以来忽视了地缘政治，这是可以理解的，因为欧

第一章 价值观与地缘政治：欧洲是谁？它又在哪里？

盟成员国之间的关系是完全不同的性质。从很多方面来看，欧盟有自己的一个世界，这是第一个"后现代区域"，而身处其中的国家都已放弃了地缘政治竞争。欧盟成员国组建了一个"安全区域"：将主权统一为一体，且它们不可能再考虑用任何除和平手段以外的方式来解决争端。无论能调动多少个装甲师都不能决定某位总统或首相在欧洲理事会的影响力。对我的祖国比利时而言这是一件好事。否则，比利时确实不会有多少发言权，因为我们没有坦克。

欧洲的"后现代"身份相当独一无二。英国前外交官同时也是欧盟外交的领军人物之一罗伯特·库珀（Robert Cooper）早在 2003 年就写了很多与这一主题相关的文章。同年，欧盟发表了《欧洲安全战略》，初次表达了它的战略理念。该战略是在首位高级代表（相当于欧盟的外交部长）杰威尔·索拉纳（Javier Solana）博士的领导下起草的，库珀是主要合作者之一。然而，库珀在其书中写道，欧盟之外的世界仍然生活在"现代"。在"现代"社会里，为了维护地缘政治角逐中的利益，国家采取一切措施来相互竞争。世界的另一部分甚至还纠结于"前现代"身份："失败的国家"是指那些已经垮掉的国家，或是指那些从未得以良好运作的中央集权国家。这就意味着混乱、无序与丛林法则。无论是有意还是无意，对此熟视无睹本身就是在冒巨大的风险，因为那样的话就不能够理解国际政治的动因。如此一来，我们将永远面对令人不快而惊讶的事件。我们甚至不能够评估自己政策的影响力，正如欧盟在乌克兰遭遇的窘境。这样，有效战略就无从谈起。

然而，地缘政治时常被视为一个过时的观念，它是一个在 20 世纪被不断地使用的观念，仅仅用来为无耻的、富有攻击性的强权政治辩护。我们忽视地缘政治，因此几乎获得一种道德优越感，但是地缘政治恰恰是战略的关键所在。事实上，地缘政治建立在一个完全客观、中立的事实之上：各国的地理布局。这一事实不可避免地影响着国家的利益,所以最好重视地缘政治因素。价值观不可进入地缘政治考量范畴:欧洲位于它所在的地方,这是我们不可改变的。同样地,英国能够退出欧盟,但是不能离开欧洲。因此,英国必须继续思考欧洲的地缘政治因素。正如我们如今常说的,这不是地缘政治的回归。地缘政治一直以来都要紧,只是欧洲人选择了对此熟视无睹。

由于地缘政治形势,欧洲必须比美国更关心发生在乌克兰、叙利亚、伊拉克和马里的战争,因为这些战争可能直接威胁到欧盟的贸易通道与能源供应。此外,通过加入"伊斯兰国"或位于叙利亚和伊拉克的其他组织和民兵组织,很多欧盟公民成为"外国战士"。同时,对于那些试图逃离暴力的众多难民,欧洲是最近的安全目的地;对于那些制造战争的很多极端人士,欧洲是一个主要的目标。另外,欧洲在全球范围内必须重视那些进入"全球公共空间"的免费通道,包括海域、空域、太空以及网络空间,这对欧洲的繁荣昌盛至关重要。

欧洲的战略依赖性

分析地缘政治地位是制定战略的关键一步,因为在很大程度上它对优先考虑哪些威胁与挑战具有决定性作用。从道德视角看,跳过此步骤并不会令你比别人做得更好,反倒会削弱战略有效性。当然,我们可以从道德视角对所选战略进行评价。有些大国试图通过主导甚至吞并邻国疆土或水域来提升它们的地缘政治地位。这种强权政治直接跟欧盟的价值观产生冲突。很遗憾,普京不是唯一使用军事力量来建立边境缓冲地带与专属势力范围的人。这就是欧盟必须迫切地恢复地缘政治分析的缘由所在。这不是要欧盟模仿普京这样的行动者,而是要了解他们。

冷战结束之后,我们确实似曾迎来大国间地缘竞争终止的时代。

第一章　价值观与地缘政治：欧洲是谁？它又在哪里？

那时，美国是仅存的超级大国，俄罗斯被国内变化所困，而中国也没有如今强大。欧洲在当时认为合作成为国际政治的新范式是情有可原。然而，这一时期最终也只不过是一段阳光小插曲，是能证明规律的世界历史中的例外情况。在当下的多极世界里，大国仍将继续合作，比如在气候变化或贸易领域。与此同时，竞争也会越加激烈。合作与竞争共存。根据各自的利益，其他大国会选择前者或后者。但价值观很少参与其中。

欧洲遗忘战略思维的另一原因是：从1949年北约成立至1989年柏林墙倒塌的漫长冷战时期，欧洲在很大程度上把战略任务留给了美国。不久，欧美都看到了如此安排的优势。美国人想要忠实且顺从的盟友，希望盟友一方面能够兑现他们给北约防务开支的承诺，而另一方面不会过分要求决策权。只要欧洲人花费足够的财力，美国保证欧洲不受苏联及其《华沙条约》盟友的安全威胁，甚至会提供核保护伞。

这并不意味着欧洲人对自己的安全毫不知情，或跟美国没有任何争议。1967年的哈默尔报告就是欧洲人在联盟决策中发挥作用的最佳例子之一。在时任比利时外交部长皮埃尔·哈默尔（Pierre Harmel）的领导下，北约中较小盟友的提议权得以确认，而苏联的军事威慑也与东西欧关系的缓和相联系。这是在戴高乐总统使法国退出北约完整军事指挥系统的前一年，也是联盟史上最大分裂之一。虽然法国一直是北约成员国，但直到2009年，其才在萨科奇总统执政时期重新加入军事系统。

然而，总体上，欧洲数十年对美国的军事依赖使其产生了依赖性思维定式。在很多欧洲国家，战略局限于将北约战略转换成国家防务计划，但是并没有太多创新思维方面的要求。随着时间的推移，很多成员国视美国的领导为理所当然。它们认为没有必要发挥主动性，因为不管怎样美国装甲部队会来解决所有危机。冷战结束后的二十年里，即使欧洲还不至于发展到卑躬屈膝式的思维定式，但是那种依赖性在很多成员国的政治中心俯拾皆是。很多欧洲决策者仍指望美国的决定，且视欧洲为辅助而非真正独立的角色。毫无疑问，那样的态度不会使人感到有制定战略的必要。

简单的地缘政治分析显示，冷战的结束，这种态度已变得毫无意义。随着苏联的解体，美国大战略中的欧洲核心地位也随之落下了帷幕。尽管美国与欧盟仍然有共同利益，但是它也有自己且不同于我们的地缘政治因素需要考虑。对我们而言，欧洲的安全无疑是重要利益之所在；然而，对美国而言，欧洲的安全是必要的，但不是最重要的。因此，这里并无自动自愿可言：在一个多极化的世界里，美国不会总是发挥主动性作用，且主动来解决我们的安全问题。

欧洲强大故事的弱点

欧盟必须从乌克兰危机中吸取的第二个重要教训是：欧盟的世界观备受压力。欧盟外交政策的出发点总是始于理想主义色彩浓厚的世界观。2003年，这种世界观产生了十分乐观的《欧洲安全战略》。欧盟首次试图制定涵盖国际政治各种维度（经济、政治和安全）的综合性战略。此战略不针对别人，而是主张一项很积极的议程。故而，此战略的副标题是："安全的欧洲，更好的世界"。当然，战略目标是保障欧洲的安全；而达成此目标的最佳方式是使世界变为更加美好的地方。这难道不是很好吗？

选自《欧洲安全战略》的这两句话完全抓住了它的核心准则："对安全最好的保障是建立一个由治理有方的民主国家组成的世界。强化国际秩序的最佳方式是传播善治观，主张社会与政治改革，解决腐败问题与权力的滥用，建立法治，以及保护人权。"这是一个非常有煽动性的议程，且能够起到呼吁非欧盟人士的作用。另外，说来也

第一章 价值观与地缘政治：欧洲是谁？它又在哪里？

是，当下欧洲所面临的大部分安全问题缘起，既非民主国家也非治理有方的国家。那些只服务于当局利益而无视民众安全、自由与繁荣的极权国家有着内在不稳定的因素。改变这样的现状需要漫长的时间。然而，一旦人们拒绝接受现状，变革的那一时刻终究会来临。当这一时刻来临时，政权会迅速地或相对和平地瓦解，正如1991年苏联的解体与2011年突尼斯本·阿里（Ben Ali）政权的倾覆或像利比亚和叙利亚一样，政权也有可能伴随大量暴力活动而崩溃。尽管突尼斯革命所伤不多，但是它预示着"阿拉伯之春"的开始。在利比亚和叙利亚发生的暴力风暴使突尼斯革命可能在该地区引发和平变革的希望落空。"阿拉伯之春"结果更接近于比利时之春，多风暴且不可预测。

然而，在没有民主国家的地方如何创建治理有方的民主国家呢？早在2003年，我们就已发现我们其实并不知道如何创建。欧盟不知道如何创建，美国或任何其他民主政体也一样不知道。民主体制并不能强加于人。尽管数年来西方势力持续不断的渗入，但是阿富汗和伊朗也很难称作治理有方的民主国家。举例来说，我本人在短期内并没有搬往喀布尔或巴格达的想法。与此同时，乌克兰危机显示，慈善亦不能创建民主。在一个地缘政治冲突加剧的时代，众所周知的胡萝卜政策（发展援助、自由贸易协定、投资、欧盟免签旅行）不足以传播善治与民主价值观。若没有坚定的国内支持，外部因素也不能创建民主，甚至使用武力也一样不能。即使是在那些想要获得民主的国家，仅仅依靠财政和经济援助也是不足以建立民主体制的。人们必须坚定地与国内外想要破坏甚至消灭民主的人作斗争，才能保护民主体制。如果不能做到，最好不要轻易鼓励他人寻求民主之路。

可以进一步深入了解从近期乌克兰危机和其他危机中得到的教训。我们不仅在输出世界观方面遭遇困难，欧洲叙述方式本身就面临压力。2003年《欧洲安全战略》可以总结为：世界其他地区越是变得像我们，对各方就越好，对其他国家的民众就越好，因为他们就能够得益于更多的善治与民主。对我们也更好，因为他们首先不会被鼓动移民至欧洲。但是，如今的欧洲模式究竟有多可靠呢？欧洲能够为自己的民众提供他们正当期望的安全，自由和繁荣吗？面对金融危机（特别是希腊案例）与难民移民危机，欧盟表现出的团结远远不够，而且欧盟的迟缓反应严重损坏欧洲模式的可信度与有效性。

欧洲对金融危机的直觉反应被称为"节衣缩食"：欧洲采取大幅度削减的举措以维持预算平衡并保护银行。保护民众只是一种事后的想法。特别是，欧盟南部成员国被迫削减社会保障开支，这使危机恶化，因为民众的购买力一再缩水，给人的印象是欧盟就是一个银行联盟。这种印象在欧洲域内域外都一样。域外政府对欧盟缺乏团结感到惊讶，而且被欧盟烦琐的决策机制激怒。欧盟的迟缓对别人构成直接的威胁，因为欧盟解决问题所需时间越长，欧盟自身还有世界其他地区的问题后果就越严重。

难民与移民危机显示，欧洲并不是特别愿意与来自其他国家的人团结一致。当然，欧洲不得不管理移民问题，因为我们的社会模式无法承受毫无节制地接收移民。然而，为了自己的劳动力市场，欧洲是否应该不再接收过多的经济移民？此外，鉴于人口老龄化问题，欧洲确实在道德与法律层面负有帮助战争难民的责任。很遗憾，欧洲内部的支持度不够。截至2017年，490万叙利亚公民在周边国家（主要集中在约旦、黎巴嫩和土耳其）找到避难所，但是只有100万人向欧盟申请了避难。然而，人们可能会有这样的感觉：对欧盟而言，现在指责别国人权问题变得更加困难。因此，这对欧盟外交政策的影响也是不可否认的。

还有英国脱欧问题。2016年6月23日，51.9%的英国投票人选择退出欧盟。英国脱欧问题也对欧洲叙述方式的可信度与欧盟的外交政策产生了严重后果。在未来数年中，无论欧盟提议什么，人们必定

第一章 价值观与地缘政治：欧洲是谁？它又在哪里？

会说：您的三大成员国之一对此都非常不看好，甚至退出了联盟，那么你的提议究竟有多好？为什么我们要听从你的领导？简单地说，欧盟的声誉损失惨重。

此外，亦有相互矛盾的叙述。它们否认了欧洲"治理有方的民主国家"之基础价值观的普世性。"伊斯兰国"（ISIS）声称自身价值观的普世性，这种价值观建立在它对伊斯兰教教义的特殊解读。当然，这种价值观与欧洲的世界观截然相反。俄罗斯的叙述方式恰恰并不自称其价值观的普世性，但是它在独裁主义与民粹主义形式下点燃了民族主义情绪和需要建立强国的信念。苍穹之下，这样的民族国家享有至高无上的地位，且有强劲的领导为捍卫此地位而生。普京有意识地在一些特定方面反对欧洲社会。比如，俄罗斯否认对同性恋权利的认可，并将其视为西方"堕落"的证据。也因此，俄罗斯同性恋、双性恋与跨性别者团体成为总统地缘政治抱负的受害者。俄罗斯当局为了从国家严重的经济困难中转移注意力，非俄罗斯的少数族群也时常成为替罪羊。

特朗普认为，国家在社会中理应扮演尽可能小的角色。具有创业精神的人就能做到，做不到的人就只能怪自己，或怪罪让美国人失业的可恶的外国人。在"美国优先"的幌子下，特朗普其实也呈现出一种民粹民族主义，它甚至具有一些专制主义特征。在世界四大权力体中（欧盟也算其中之一），就有三个追寻民族主义之路。你如果不够民族主义，自己都会感到悲哀。

此外，事情还远未结束，因为欧洲自身当然不会不受民族主义和民粹主义的影响。这些欧洲叙述的替代方式在欧洲也有它们的支持者。成千上万的欧洲公民强烈感受到被我们的社会冷落，从而追随"伊斯兰国"诱人的呼唤，拿起武器，寻求救赎，或只为探险。在放弃欧洲平静的生活加入位于叙利亚的战争之前，这些年轻人的生活该是多么空虚、绝望或惊恐啊？他们该是多么易受影响或脆弱啊？要么就在欧洲的家中自我引爆。不管怎么说，这就意味着在欧洲很多人根本就不再感受到家的感觉。欧洲叙述方式不能够说服他们，或简单地说与他们毫无关系。

效仿普京和特朗普的右翼民粹主义者日益增多。早在20世纪30年代，他们试图让他们的国家与欧洲和世界隔离；像特朗普一样，有些人甚至就想在边境建墙；从普京那里，他们学会假借捍卫传统价值观的幌子来支持恐同症和仇外心理。在现实中，甚至当他们用"从'布鲁塞尔'和欧盟官僚制度中重获主权"来展示他们的政策时，他们都会限制公民的权利与自由。当然，被他们视为理想典范的"纯正的"国家记忆只不过是一种幻想。在匈牙利和波兰，右翼民粹主义政府执政，损害了欧盟的外交政策。在英国，他们未能执政，但是如果没有右翼民粹主义者，比如奈吉尔·法拉吉（Nigel Farrage）和英国独立党，我们也无须面对英国脱欧问题。在很多其他的欧盟成员国里，类似的党派在政治活动中扮演了同样消极的角色。这一情况也适用于左翼民粹主义者。他们从不同的角度否认了现实，并且假装他们的国家在没有欧盟的情况下依然能够独立前进。

理智地讲，民粹主义者是不公正的。民粹主义的本质在于迎合投票人，绕过传统的政治手段，以便让所谓的"民众意愿"直抒胸臆。这使其他党派都按章办事的民主体制变得如此脆弱。当然，欧盟的确感到很脆弱。

含蓄的实用主义

幸亏，欧洲领导人没有对原因充耳不闻。乌克兰危机之后，没有人能够再假装欧盟不需要一个战略，而且是需要一个更加务实的战略。欧盟需要倾注更多精力来捍卫欧洲的重要利益。从乌克兰危机得到的第三个教训是：欧盟需要一个新的文件来替换2003年制定的

第一章 价值观与地缘政治：欧洲是谁？它又在哪里？

《欧洲安全战略》。没有什么战略的持续有效期会超过十年，因为世界变得太快。"阿拉伯之春"及其引发的位于中东和北非的战争在提高这种意识方面起到了重要作用。很遗憾，2003年的梦，即在欧洲周边建立友谊圈，最终成为泡影。最后且很重要的一点是，中国的迅速崛起告诉欧盟成员国，必须进行战略更新以替代非常薄弱的既往战略思维。2003年，所有人都认为中国将会崛起，但是无人能够预测到中国的崛起竟如此之快。时至今日，在任何一项国际政治事务中都能看到中国的身影。

2015年6月，欧洲理事会（欧盟成员国国家和政府首脑）分派任务给现任高级代表意大利人费代丽卡·莫盖里尼（Federica Mogherini）来完成起草新的战略。莫盖里尼起初就明确表明，有必要采取不同且更加务实的措施。2015年10月，在关于未来战略的咨询程序会议上，她说道："我们需要一个战略来积极地捍卫我们的利益，但与此同时，我们要铭记价值观的推广是我们利益不可或缺的一部分。"显然，利益不再是一个污浊的词。

然而长期以来，与其理想主义的措辞相比，欧盟事实上一直采取更加务实的手段。由于这种务实主义总是隐性的，而且欧盟官方坚持其理想主义叙事，因此欧盟的威望受到严重损害。

理想的2003年战略主要是通过双边伙伴关系得以实施。这些伙伴关系是建立在"积极制约"原则之上：伙伴国家试图改革本国、引进更多的善治与民主以求其向着欧盟的方向发展。作为回报，欧盟承诺提供发展援助、投资、进入欧洲市场的通道以及免签前往欧洲旅行的机会。国家改革程度越高，得到欧盟的回报就越多，或者说至少理论上是这样的。如果改革停滞不前，该国不会失去既得利益，但是不会再得到其他好处。尽管原则上"消极制约"或制裁主要是针对严重违反人权的案例，但是欧盟很少使用它们。很多双边伙伴关系建立在多边关系框架之下。欧盟与东部六国建立了"东部伙伴关系"；

欧盟与南侧地中海十一国建立了伙伴关系；二者相结合，构成了"欧洲睦邻政策"。① 欧盟有针对巴尔干国家的单独政策框架。此外，欧盟与十个大国和区域大国的双边关系升级为所谓的战略伙伴关系。②

在欧洲，这种方式多少起到一些作用，特别是当欧盟成员国资格被作为改革成功的最终奖赏时。除了几个少数例外，欧盟在欧洲大陆分裂且地缘政治因素最为关键的地区并不是很成功：即在欧盟的南缘，以及在与战略伙伴之间的关系方面。因此，同一政策产生的不同结果显示，人们对欧盟一直推广的价值观认知与对其运作方式上的认知存在重要的差异。

在欧洲，作为推动治理有方的民主国家的建设方式，制约性条件已经在欧盟的伙伴中被广泛接受。当然前提是要有加入欧盟的前景。原因是：这些国家的大部分公众舆论认为，与欧盟建立紧密的联系就是走上了回归正常国家的轨道。第二次世界大战之前，其中的很多国家都是民主政体，或是正在向民主政体转型，而且它们在欧洲政治中发挥了各自的作用。冷战时期，"铁幕"人为地把它们与西欧隔开。对于那些争取人权和反对像波兰这类国家的共产主义政权的持不同政见者，西欧社会是灵感的泉源。现在，大部分东欧国家已加入欧盟。毫不夸张地说，东扩可以被视为是自第二次世界大战以来最为重要的战略决策之一，仅次于欧洲一体化进程本身的启动。东扩保证所有欧盟成员国享受持续的和平与稳定。若回到1989年柏林墙倒塌之时，当时这一切都还不明了。

---

① "东部伙伴关系"涵盖了我们的邻国、白俄罗斯、乌克兰、摩尔多瓦、南高加索国家、格鲁吉亚、亚美尼亚和阿塞拜疆。南部邻国是地中海联盟成员国，包括：土耳其、叙利亚（尽管自2011年12月1日，终止了其成员国身份）、黎巴嫩、约旦、以色列、巴勒斯坦、埃及、突尼斯、阿尔及利亚、摩洛哥和毛里塔尼亚；利比亚拥有观察员地位。
② 它们是美国、加拿大、日本、韩国、墨西哥和金砖五国（巴西、俄罗斯、印度、中国和南非）。2017年，澳大利亚与欧盟建立"战略关系"。战略关系与战略伙伴之间的区别需要一本单独的书来解释。

第一章 价值观与地缘政治：欧洲是谁？它又在哪里？

现在的问题是对欧盟的好评以及其价值观的吸引力向东还可以走多远。在前面提到的乌克兰，当然还有摩尔多瓦，大部分人都支持欧洲的诉求。很难评估白俄罗斯，但是卢卡申科总统对专制政权的抵抗显然表明了他对欧盟价值观的拥护。高加索地区会是什么情况呢？首先，高加索是欧洲的一部分吗？在格鲁吉亚，这个问题得到了坚定且肯定的回答，但是欧盟仍然不确定如何发展格欧关系。亚美尼亚和阿塞拜疆跟欧洲理念的关系则更加模糊，而欧洲在该地区的战略之模糊也印证了这一点。

然而，欧洲之外，特别是在南部邻国，制约性条件被视作对过去的回归，而不是对正常的回归。过去就是殖民主义和帝国主义二选一，当时的欧洲国家通过这种方式追求自己的利益，根本不顾及当地民众。因此，这些国家的大部分民意根本就不会把欧盟视为典范。相反，它们会抵抗外力干扰，特别是西方国家的影响。总统是独裁者，但是他是我们的独裁者，而且是否推翻他取决于我们的决定——这是普遍的态度。在这样的社会语境里，很难发挥影响，即使是带着最大的善意而来。在我初访埃及期间，远早于"阿拉伯之春"，我有机会见了反对派运动 Kefayah 的人。考虑到我是外国人，他们在单独的一页用英语总结了他们的诉求，并且有个大标题：终止美国人和犹太复国主义者的侵略。在这大标题之下，他们用常规字体列出了所有的诉求，而这些诉求也能够在欧盟文件中找得到：人权，民主等。为了赢得民意，宣传册不得不贴着反美主义和反犹太复国主义的标签。这些人欢迎欧盟的支持，条件是不能太张扬。否则，当局很容易把他们视作西方的傀儡，且损害他们在公众眼中的可信度。

适用于后现代欧洲与想要加入欧洲的国家的措施未必适用于世界的其他地区。事实上，欧盟开始偏离自己的言行。当直率的理想主义时常变为含蓄的务实主义，这既是"积极制约性条件"难以成功的原因，同时也是它的结果。

· 19 ·

欧洲战略之分歧

实际上,这种务实主义导致欧洲战略出现一些较大的分歧。

首先,欧盟继续对外推广其叙述方式的渴望与欧盟本身显而易见的弱点之间出现分歧。对外部世界而言,欧盟反复强调只有在治理有方的民主国家,才有可能取得和平与稳定。但是,正如前所述,人们(包括很多非欧盟人士)的认知是欧盟自身在维持善治与民主方面遇到很大困难。给人的印象是欧盟只能勉强顶住历次危机带来的压力,比如金融危机和难民危机。专制政权渴望把它们称为民主决策机制的失败指给本国民众看,以便为自己的体制做辩护。

欧盟的弱点往往被夸大其词。仅从外部观察很容易低估深化欧洲一体化的难度,并小觑建立在一体化基础之上的成员国关系的坚实程度。比如说,根据部分预测,废除成员国之间内部边境的《申根协定》本应该在很早之前就取消。然而,《申根协定》的终止不仅要付出巨大的经济代价,而且也不能说服习惯于自由流通的欧洲公民。当然,消极看法也有它真实的一面。否认这一点,既不是现实主义作风,也不能展现战略眼光。有一点很明了,如果欧洲自己不能忠实于欧洲叙述方式,那么这也将对世界其他地区失去吸引力。

其次,理想主义的欧洲表述和很多双边伙伴关系的实际内容之间存在更大的分歧。南部邻国再次成为典型的例子。事实上,欧盟支持任何一个想要在阻止向欧移民和打击恐怖主义方面与之合作的政府,不管这些政府是否拥护善治和民主。在这方面,欧盟并没有使用"积极制约性条件"。至于那些不大令人愉快的过程细节,布鲁塞尔就无须知道。如果拥有能源的国家愿意为欧盟提供能源,很自然,在欧洲人眼里这个国家是非常值得称赞。

然后,就是"阿拉伯之春"。2010年12月17日,它始于突尼

第一章 价值观与地缘政治：欧洲是谁？它又在哪里？

斯，源于水果商穆哈默德·布阿齐齐（Mohamed Bouazizi）为抵抗政府自焚的事件。几乎所有人，包括我自己，已忘记这位勇士的大名，但是他值得被记住，因为接下来发生的抗议完全出乎意料地引发一场真正的革命。2011年1月14日，还不到一个月的时间，突尼斯总统辛艾尔·阿比丁·本阿里（Zine El Abidine Ben Ali）就已离职，并逃亡至沙特阿拉伯。这场革命的发生不能归功于欧盟，因为欧盟与突尼斯政权有着紧密的合作关系。因此，起初，欧盟的反应是非常犹豫的。法国外交部长米歇尔·阿利奥·马里（Michele Alliot-Marie）甚至声明要用法国安全部队帮助本阿里，但是最终她为此声明付出了失去工作的代价。很遗憾，"阿拉伯之春"也终于突尼斯，而它也是开始向民主转型的唯一国家。在埃及，穆斯林兄弟会赢得选票并短暂执政之后，军队于2014年再次掌权。唯一的区别在于胡斯尼·穆巴拉克（Hosni Mubarak）将军被阿卜杜勒·法塔赫·塞西（Abdul Fatah al-Sisi）将军替代。在利比亚和叙利亚，"阿拉伯之春"引发了血腥的内战，而这些内战仍在继续。

因此，没有多少改变，包括欧盟政策。只有措辞有几分变化。"阿拉伯之春"之后，"多变多得"成为标语，即那些引入更多改革措施的国家会得到更多的支持。基本上，该政策为同样的变革提供支持；事实上，和"阿拉伯之春"发生前一样，欧盟在实施该政策时表现不一致。的确，为了阻止更多国家陷入内战，欧盟选择秘密地支持那些可能会带来稳定的统治者，比如埃及的塞西。现在的军事政权比穆巴拉克统治时期更加残酷苛刻。此事很自然地加深了这样的认知：欧盟不是真正地关心民主和人权，它的理想主义措辞只不过是掩盖自身利益的托词而已。与此同时，很多欧洲人开始觉得，欧盟政策事实上并没有对欧盟的利益给予足够的关注，而欧盟的利益问题会对战略讨论产生重要影响。

所有这些问题指向了第三个分歧，即可能会相互排斥两个欧洲目标之间的分歧：建立治理有方的民主国家与促进和平与稳定。也许这并不意外，美国前国务卿亨利·基辛格比任何人都更好地描述了这个两难问题。西方应该觉得有义务去支持每个反对非民主政权的人民起义吗？即使在那时，西方与那些政权还在共事以求维持区域乃至全球秩序。基辛格参考了沙特阿拉伯例子：只有在没有反政府的国内示威活动存在的情况下，这个国家的政府才能成为西方的盟友吗？截至今日，沙特阿拉伯仍然是盟友，是反"伊斯兰国"联盟中活跃的成员。基辛格的立场则比他的多数批评者更加细微。因此，在没有考虑到对区域和全球安全可能产生后果的前提下，支持每个潜在的革命都可能会面临灾难性的结局，但是阻止民主的发展潜力同样会有非常糟糕的后果。

　　面临这样的矛盾，欧盟针对不同的案例做了不同的选择。在突尼斯及而后的埃及，欧盟（正像美国一样）起初非常谨慎。当且仅当欧盟非常确信本·阿里和穆巴拉克已丧失政权时，西方这才表示支持革命。然而，在埃及，西方快速转向支持反革命和塞西政权，因为塞西似乎更能确保局势的稳定性。2011年，出于对自身可能失去权势的担忧，利比亚总统穆阿麦尔·卡扎菲试图武力镇压反对派。为此，欧美决定采取军事干预。通过干预，欧美终结了卡扎菲的命运。干预旨在表明，西方顺应历史，纠正"阿拉伯之春"初发时它的犹豫态度所导致的坏印象。

　　叙利亚发生了同样的情形。毫无疑问，抗议叙利亚总统巴沙尔·阿萨德的反对派指望着西方的军事援助，但是起初西方还是决定不干预。卡扎菲没有一个真正的朋友；相反，阿萨德在俄罗斯和伊朗有强大的盟友。2014年，当且仅当"伊斯兰国"的迅速崛起迫使叙利亚和伊拉克进入同一个战区时，美国总统奥巴马才主动组建对"伊斯兰国"开展空袭的联盟，但这并不是针对阿萨德政府。这些不同的选择表明，欧洲在人权和民主上的措辞掩盖了其处事方式；事实上，这种

第一章 价值观与地缘政治：欧洲是谁？它又在哪里？

方式不仅更加微妙，而且它的一致性也比欧盟话语显得更弱。

最后，欧盟针对不同国家在使用"积极制约性条件"的方式上存在巨大的分歧。很少有政府建立伙伴关系的目标是搞垮它们自己。然而，在一个非民主国家里，这就相当于在建立一个治理有方的民主国家过程中实现政权更替。在某些情况下，欧盟非常严格地使用"积极制约性条件"，比如，在像乌克兰这样较弱的且依赖于外部支援的国家，或在像缅甸这样不会使欧盟利益直接受损的国家。然而，在资源丰富且不需要援助的国家，比如海湾国家，欧盟促进改革的影响力就更小了；再有像欧盟需要其在安全领域与之合作的国家，比如阿尔及利亚。如果没有阿尔及利亚，马格里布地区就不会稳定。

这并不意味着欧盟绝不敢做出勇敢的决定。例如，俄罗斯入侵乌克兰之后，世界见证了欧盟对俄罗斯的制裁。的确，制裁范围基本把能源领域和技术转让排除在外。为了开采新的资源，俄罗斯需要技术转让；没有技术转让，俄罗斯将长期遭受损失。欧洲会继续进口俄罗斯能源，因为停止俄罗斯的能源供应将会给欧洲带来很多困难。制裁的目的不是要搞垮俄罗斯经济。真要是那样的话，它会比普京的冒险主义导致更为严重的不稳定局势。针对伊朗，西方一直采取高压经济制裁，直到2015年就该国核能力问题达成协议为止。在这两个案例中，实施制裁的主因是安全因素而非善治和民主。一些欧洲国家对欧盟—沙特阿拉伯关系和对沙武器出口的疑虑不断升高，也是出于安全因素考虑。我们并不是突然间才关心该国的人权问题，但是我们已经意识到该国政策（比如，它给我们社会中极端保守派伊斯兰势力提供财政支援）对我们的安全产生了直接的消极后果。

总而言之，人们的看法是，欧盟的制约性条件只是适用于弱国。需要注意的是，欧盟在乌克兰案例中的做法是完全合理的。为了自身的安全，欧盟有必要加压，以确保乌克兰真正致力于改革，且我们的钱也用得其所。然而，大国多多少少不受这种方式的影响，因为经济因素的考虑几乎总是会获胜。很明显，欧盟关于公民平等待遇的表述掩盖了它对不同国家的不平等对待。

　　近期战略分析的结论表明，欧盟并不是要愤世嫉俗地躲在自己的措辞之后，且在现实中也不是只顾追求利益，不顾价值观。来自欧盟理想主义议程的欧洲信念是真诚的，促进价值观亦如此。但是，此议程的落实终究也是一个现实问题。因为这种务实主义仍然是含蓄的，所以它无法实现一致性，这也理应促使我们质疑自己。我们的目标是：制定一个新的战略。

第二章

战略：欧洲能做什么？
欧洲想要什么？

人们在制定一项新的战略时，常须进行自我提问，而问题的答案却不一定简单明了。以欧盟 2003 年出台的《欧洲安全战略》为例，将治理良好的民主国家作为一种通用模式进行推广是其核心所在，然而该战略却因过于理想化而难以施行。为达成更为完善的战略，欧盟必须问自己三个问题。第一，我们社会所立足的价值取向，也即"2003 战略"基于的价值观，是否真正具有普世性？第二，倘若这种普世性存在，继续尝试在世界范围内推广这类价值观念是否符合我们的利益？第三，若上一问题的答案也是肯定的，我们应该推广的具体内容是什么，又应该以何种方式，带着什么样的目标进行推广？

价值观？

第一个问题的答案毫无疑问是肯定的。坚信我们民主国家所基于的价值观必然意味着对其普世性的认同，因反对其普世性这一行为本身便有违此类价值观。以人权问题为例，假想人权不能被同等赋予全人类，即否定了人权这一基本理念。在这一假定前提下，我们不再能谈论人权这一概念，而只能将其细称为西方人权、欧洲人权乃至比利时人权。与此类似，倘若法治不适用于所有公民，法治概念也将无从谈起。民主若不能推广至所有国家的全体公民，惠及所有国际组织的全部成员，决策制定便不能实现真正的民主。

并非所有政府都承认此类价值观具有普世性，但并不影响这些价值观的普世效力。我们只能期望那些缺乏民主与法治的政体能够找到有效的论据（政体本身的利益除外）来支撑它们的立场。其立论之一为，人权由不同的文化决定，因而难以同等地呈现在所有文化中。另一常见的论证称，联合国将《世界人权宣言》纳入基本法时，许多当今的成员国尚未独立，因而缺乏话语权。

这些价值观并未得到所有政府的接受与尊重已成事实，然而较这一事实更为重要的是，全世界绝大多数公民普遍具有同样的诉求。我们都期望政府保障我们的人身完整与安全，在政策制定时容许我们畅所欲言，平等赋予我们法律权利义务，并确保我们能公平地分享国家的繁荣成果。某些国家公民实现其诉求的途径可能与欧洲人民并不一致，他们有时甚至将欧洲视作前进道路上的阻碍而非盟友——这并非全无道理，突尼斯革命即是一例佐证。然而无论是英勇投身起义，开启"阿拉伯之春"运动的突尼斯群众（the anonymous Chinese who every day somewhere in China protest against the excesses of their government 此句似乎不适合译出？），试图逃离战乱奔赴欧洲的难民，抑或是欧洲本国居民，我们对国家的所需在根本上是一致的。我们终因相同的诉求而采取行动，为了捍卫权利，我们游行示威、抗议、投票表决，有时甚至奋起而战，这正是上述价值观具有普遍性的背书。

推广价值观？

欧盟积极尝试说服其他国家政府关注公民的诉求，这是否符合欧盟本身的利益，抑或有所损害？这是第二个亟待回答的基本问题。

第二章 战略：欧洲能做什么？欧洲想要什么？

在欧盟尝试推广的价值观中，民主是最具争议的一项。当前与欧盟保持外交关系的许多国家并非民主政体，民主化进程对其而言相当于政权的改变，这无异于一场革命。因此，将民主作为外交重心，意味着我们向其他政体伸出援手时必然会引起反感，基辛格便再次准确捕捉到这一矛盾处境。深信我们的价值观为普世价值观，意味着对不尊重这些价值观的政体，我们也不充分认可其合法性。我们表现得好像"世界上大部分国家还处于不令人满意的民主预备期，终有一天会实现民主"。在民主到来之前，我们与这些国家的关系中不可避免地存在着一丝"敌对成分"。

将民主化作为我们外交政策的目标必然导致我们与每一个非民主政体（这样的政体有许多）在交往过程中发生摩擦，因此意味着高昂的交易成本。民主化常常阻碍我们的外交，推崇民主化产生的效果并不显著。目前成功实现这一进程的国家屈指可数，令人叹息。即便是在欧盟着力推行民主的毗邻国家，也并未取得多少成果。过去的经验足以表明，民主不能从外部引介，更不能通过武力的形式，而应在国家内部有机地浸透发展。

人权的推广也总是充满争议。对已建立外交关系的国家，欧盟都与其就人权问题保持着批判性的对话，旨在指出存在的问题。通常这样的对话都不会公开进行，但这也是施加影响的最佳途径。相关政体需要保留颜面，公开的谴责对其无疑是一种挑衅。但只要将对话局限在私下范围内讨论，这些国家还是愿意进行让步与妥协。

理论上来讲，经济考量一般不涉入人权领域。事实却是，欧盟成员国常因重要的经济利益而在人权问题上变得犹豫不决，在对话中收起锋芒。它们或将人权问题抛给欧盟驻外大使来处理，这样本国大使便能专注于贸易促进工作的汇总，并免受其他因素的"阻挠"。与此同时，与欧盟具有相互依赖关系的强国（因其市场体量庞大，或能源供给等原因）在面临此类争端时，会毫不犹豫地对欧盟直接进行威胁。

将坚持民主化与尊重人权作为合作的先决条件对欧洲并不十分有利。其他大国，由于并不强加此类"不便利"条件，因而对那些无视人权的国家而言是更具吸引力的合作伙伴。欧洲为此付出的代价便是在非洲的势力被大幅削弱，然而我们不应忘记，即便是在欧洲处于主导地位，我们对待非洲伙伴的方式也并不尽如人意，显得有些底气不足。

从纯粹的实用主义立场出发，通过分析，我们总结发现，放弃对于民主与人权问题的探讨，我们的外交政策将变得容易许多。然而对欧盟而言，这一选项并不成立。

首先，半民主制并不现实。只要我们继续自称为由民主国家组成的联盟，便必须维护外交政策中那些本就在欧盟内部受到尊崇的相同价值观。人们无法想象，欧盟为了眼前的利益，在推行新的电信规定时置人权与法治于不顾。再把话说得明白些，在外交政策中罔顾我们的价值观是十分荒唐的。正因为这些价值观是普世的，欧盟必须时时警惕，避免让人以为这些价值观只在内部推崇，不涉及欧盟公民时便不再过问。欲人施于己者，己必施诸人。欧盟必须坚守自己的原则始终如一。这些价值观决定了我们是谁，以及就此该如何行事。

任何单个行为体都不可能长期奉行一项与之根本价值观相左的政策。随着政策内部的支撑力量逐渐瓦解，挫败在所难免。我们之所以在与专制国家合作时感到不安便是因为价值观存在分歧。发动战争时牺牲本国的民众，也具有同样的道理。越战期间，为了从越共手中夺回村庄，轰炸时牺牲己方居民的行为早已成为过去。事实上，这种行为早在当时即已叫停。美国为了捍卫自己的价值观，最终放弃了继续轰炸，即便这样的价值观依旧在国外受到侵犯。对于国家内部的安全政策也同样如此。当恐怖分子挑战我们开放社会的特性时，摒弃我们的社会属性而建立起警察国家绝不是应对之策。过度的安保措施只会

第二章 战略：欧洲能做什么？欧洲想要什么？

迅速引起抗议与不满，这是毋庸置疑的。

坚守我们外交政策中的价值观是一个原则问题，但这一原则与我们的利益息息相关。不遵从我们的价值观将会损害我们的合法性与可靠性，这将直接影响我们外交政策的成败。此外，我们在与专制国家合作时若不能以审慎的眼光保持一定距离，便不符合我们自身的利益。如前一章所述，专制政权内在结构并不稳固，这就使得我们在外交政策层面必然面临诸多问题。人民不可能永远遭受压迫而不作声。集权国家通常有两种下场：当他失去国内民众乃至该体系内部成员在内的信任时，便直接从内部开始分崩离析；当人民群众没有其他方式发泄自己怒火时，扛起武器浴血抵抗便是专制国家的另一种结局。谁来领导战斗，我们无法控制，或许是那些企图建立民主体制的，又或是那些仅希望以另一种独裁来取代现有独裁的（譬如以世俗的独裁取代宗教性质的独裁）。当一个国家实现政权交替后，是否将终止于此，还是会影响到其他国家，这些都没人能够预测。

在专制体制在即将崩塌瓦解的同时，其经济发展通常也在衰退。这样的政权完全以谋私利为主，财富并未投入国家使用，而多被转移到了政要和权贵的口袋中（因而有"权贵资本主义"的说法）。从这种体制获益的群体常常将钱存入离岸账户，或者是在欧美国家的权贵社区投资房产，因为它们深知体制的不可靠。压迫与贫穷自然激发了向国外移民的欲望，人们想要到新环境去碰运气，这无可非议。最终，专制政权常常煽动民族主义，挑起对某些邻国或国内少数族裔的憎恨，从而转移人们对国内真正问题的关注及不满。专制与强硬乃至激进的外交政策常常并行，其结果必然是引起国际形势的紧张。

欧盟不能放弃其价值观还有最后一条原因在于，世界上的独裁政体中还有许多英勇斗士，他们为了捍卫与我们一致的价值观，冒着极大的危险，为了争取人权而积极展开斗争。倘若欧盟就此放弃，无异于是对这些勇敢者的侮辱。他们值得我们在道义上的支持。

针对第二个问题，即假如我们的价值观具有普世性，是否应该继续推广，答案还需具体分析。一方面，欧盟目前显然有些过于乐观。在缺乏善治，少有民主国家的地方，直接参与建设民主超出了力所能及的范围。在专制国家内推行民主与人权总是需要付出代价，紧张局势也难以避免。由于缺失善政与民主而导致冲突与战争，欧盟又总是难以做出及时有效的回应，尽管其本可以也应该做到。另一方面，道德约束与利益同时要求我们绝不能放弃基于价值体系的议程。单纯的理想主义起不到作用，且在现实中近乎一种未表达出的实用主义。纯粹的实用主义也并非另一种有效选择。要回答第三个问题，即应该推广的具体内容是什么，我们必须采取一条折中的途径。

实用主义的折中路径：平等

倘若欧盟既不能无视人权，又不能过分强调民主，拓展叙述方式或可作为解决途径。这促使我们在起草一项战略时向自己提出那个首要的问题：该战略为谁而作？

是什么让欧盟及其成员国与众不同呢？不仅因为我们是尊重人权与法治的民主国家，更因为我们的社会是基于所有公民平等的理念而构建的，这一点可能更为关键。此外非常重要的一点是，对于那些平等无法自主融入社会的国家，我们的国家应当积极介入，帮助其实现平等。这种福利制度，或称"莱茵模式"，是整个欧洲的核心精神，也是这个世界的重要意义所在。英国历史学家托尼·朱特（Tony Judt）在其有关第二次世界大战以来欧洲史的权威研究著作末尾显得有些意味深长，发起哲学思考（在完成700多页著述后，又有谁不会这样？）并自问道：欧洲究竟是什么？他的答案是："一种介于社会权利、公民团结以及集体责任之间的平衡感……一种社会共识……由广大公民认可的一种正式的凝聚。"正是这种社会契约将公民凝聚到

第二章 战略：欧洲能做什么？欧洲想要什么？

欧盟及各成员国，倘若这种契约受到侵犯，这些不遵守规则的人便被拒之门外。

平等主义的诉求将欧洲与世界上几乎任何一个国家区分开来，甚至包括美国。尽管我们与美国有许多相同的价值观，但美国社会对于国家职责的理解却与我们有显著差异。与众不同本身并非我们的目的：朝鲜是一个更具个性的国家，然而这却未能使其成为其他国家效仿的榜样。欧洲的不同却体现在积极的方面，因而要向世界传递的是正面的故事。福利制度的运行卓有成效，这也同样值得一提。之所以指出，是因为福利制度即便不是欧盟软实力最重要的来源，也是其众多因素中的重要一环。引言部分曾提及，当我们拥有了软实力，便能期望以诱导而非胁迫的方式让他人采纳某种路径。

我们的软实力还有哪些来源呢？既非我们的贸易，也非我们的市场——这要么被工业化国家视为太显而易见，要么让发展中国家觉得太过强硬。还有我们的文化，没错，但这还不足以激励其他国家追随某种特定的行为方式。我们的"生活方式"具有这种实力。譬如在中国，无论是政府还是普通民众，都十分赞赏欧洲社会模式的某些重要方面。除了我们的社会保障体系，欧盟通过结构性基金在欧盟内部经济水平不平衡地区之间重新分配财富的方式，也启发了正在谋求维护国内和谐的中国人。

从2006年起我每年都到位于北京的中国人民大学讲学。这些年来，我发现我的中国学生变得愈发自信。他们明白中国已经成长为一个大国。与之相比，欧洲的外交与安全政策对他们而言显得软弱而稚嫩。但他们同时也意识到了欧洲政府对民生问题的真切关注，在欧洲，人们十分关注的与日常生活相关的问题：譬如食品安全、空气质量等，还有社会保障，这在欧洲的覆盖范围十分广泛。

平等是一个振奋人心的概念。然而在中国，在这个人们有理由为国家所取得的伟大成就而骄傲的国度，欧盟方面若是采用家长说教式的腔调,将会很快引起众人的反感。我们不能如传教一般来推广平等(尽管鉴于我的姓氏 Biscop,我个人十分乐意大肆说教一番)。我们可以通过与其他国家在具体项目上进行合作,从而带去更多的平等。其他国家或者能够以另一种不同的方式,实现我们在欧洲取得的相同结果。如果一个国家的绝大多数民众认可现存体系的合理性,我们又有何权利去告诉他们应该怎样以不同的方式行事呢?因此,推行欧洲风格的体制与规定并不是我们的目的。欧洲应该推行的并非一个国家实现平等的方式,而是将平等作为目的这一理念,即对平等主义的诉求。

与权利类似,平等也具有安全、经济以及政治的维度。平等安全意为国家的武装力量及安保服务应平等保护其全体公民,而非独裁统治国家一般,以武力来保卫政府,抵御公民。平等繁荣意味着每一位公民在国家(在我们的情形中,为国家联盟)创造出的财富中都有权分得一杯羹,只有这样,他们才以一种具有尊严的姿态充分参与到社会活动中。政治平等包括法律面前的平等,每一个个体的人权受到平等保护,以及平等参与决策制定以及民主选举。所有这些结合起来能够称为自由。专制国家内在结构之所以不稳定,即是因为它们没有为公民提供平等的安全、繁荣以及自由。不平等意味着不稳定。

输出平等

平等这一概念的多维度属性有其显著的优势,即灵活性。欧洲不必与每一个伙伴在平等的每一个层面同时进行努力尝试,而可以采取一种更为循序渐进的方式。

平等参与政治决策,即民主化,显然是一个长期的目标。我们已从过去的经验中学到不少。在与非民主政权的交往中,通过将重心集中到平等的其他维度,欧盟便能避免其外交政策从一开始就被视作一种道义上的谴责。否则,与任何非民主国家的关系将会从刚一开始就

第二章 战略：欧洲能做什么？欧洲想要什么？

变成相互的猜忌怀疑，进而变成无效关系。欧盟总是担忧因为相互合作的深入而跟专制国家走得太近，而专制国家反过来也担心在过于紧密的关系中欧盟最终可能会颠覆其政权。将聚焦拓宽至平等的各个维度，则赋予更大的灵活度，使扩大互惠议题范畴成为可能。欧盟能够与一个国家在某个项目上进行合作，促进特定维度的平等，而无须承担全方位推进平等的义务。双赢的局面能否产生，由欧盟与合作方来评估决定。在这样的合作过程中，合作国自身有了更大的选择权，因而合作也由平等的各方作为主体以展开。

民主化不再是与欧盟交往的必要条件。任何国家只要有需求，譬如处在向民主进行转型期，都能向欧盟寻求专业的建议和支持。但没有此方面需求的国家依旧能与欧盟在其他领域进行合作，而保证它们的政治体制不必受到布鲁塞尔方面的质疑。这样一来，欧盟不论是对自己，还是对待外界，都能做到坦诚相待。埃及若能实现民主是不是件好事？答案当然是肯定的。欧盟是否会将埃及转化成民主国家？不会。所以我们应该停止自欺欺人。只有埃及人民自己才能够将他们的国家民主化。

欧盟能够不受任何反对，与大多数国家进行合作的领域是社会与经济的平等：发展援助、贸易以及更为重要的项目投资，这些项目能够创造出劳动条件良好的长效就业机会。独裁政权同样需要发展经济，为了吸引外资它们必须创造合适的条件，至少在某些特定经济区应该做到这点。例如，倘若迄今欧洲在北非地区的投资远远少于亚洲，其主要原因也是因为投资者担心他们无法收回成本。无论是公立还是私营的投资者，在投资中都具有规避高风险，并就此获利的需求。

吸引投资者意味着遵守法制，譬如，外方合作伙伴要求合同受到保护，产生争端时应该由独立的法庭解决问题，而非采用贿赂的方式。这对于国家整体的法治及反腐工作带来了直接利益。外方投资者要求工作人员培训上岗，在个人健康及住所上具有保障，如此他们的工作便不会因生活条件糟糕而受到影响。当然，投资者还需要工作人员的安全得到保障。如此一来，欧洲的投资成效呈现螺旋式的上升，使当地社会的绝大部分人能逐渐从中获益。这一切的先决条件是，欧洲投资者始终坚守这些原则，对国外雇员和欧洲的雇员一视同仁（这些雇员的劳动条件，随着行业的不同而有所差异，有时与理想标准也相距较远）。换言之，欧盟在合作时需要妥善处理并避免制造出新的"不平等"状况。

为何独裁政体会对这些合作产生兴趣呢？因为以这种方式促成的经济发展能够带来国内的稳定，这正是独裁政体所需要的。国内稳定，尤其是在我们的周边国家，本身就能让欧盟直接受益。然而欧盟的长远考虑是，随着社会与经济平等的增长，公民也会开始要求更多的政治平等，因而民主改革的动力也能逐渐有机地成长。这是一种期望，并非必然，当然也有例外。

推广社会与经济平等，随着时间的推移，看上去依旧是催生政治平等诉求的最优路径。我们的行动应该和缓地进行，避免激进。当人们看到欣欣向荣的经济形势时，很快也会对改善国家的政治局势充满希望。倘若当局以不断施压的方式进行回应，结局很可能便是冲突的爆发——没人能保证和平的变革。

尽管民主化是一项长远目标，欧盟仍需着力监督合作国家的人权状况。根本上而言，民主与人权密不可分，但在以渐进方式实现平等的框架内，人权问题便能够，且必须在任何外交关系建立的第一天起，就列入议事日程。欲与欧盟密切合作的国家必须清楚意识到，它们无须对民主改革进行任何承诺，并不意味着欧盟对人权问题不会发声（无论是公之于众，还是私下协商，只要行之有效）。我们不指望在短时间能引起改变，但我们必须坚持这么做，以忠于我们的价值观，保证我们的合理性与可靠性。过去，我们常因未能与那些令人反感的政权保持适当的距离而使我们的价值信念受损。只要始终坚持维护人权，即使有一天某个国家发生政治改革，我们在历史上也将处于正义一方。这将与"阿拉伯之春"所发生的境况不同，当地民众欲竭力推翻独裁政权，而欧盟被他们视作独裁政权的盟友。

人权是欧盟永远无法逾越的红线，但这条界线必须被画在恰当的位置。欧盟能与不民主的政权合作，甚至还可与那些侵犯人权的政权合作。欧盟别无选择，不那么做便永远无法实现在某些区域的目标，而这些区域正由这样的政权所掌控。叙利亚战争无法轻易结束，除非有人能够与伊朗和沙特坐下来谈判。乌克兰与俄罗斯之间的冲突同样如此。尽管这样的局势让人不安，但倘若因此就中止欧洲与不民主政权的交流、合作乃至贸易，无异于将我们自己放逐于国际政治舞台之外。这样的做法是缺乏对真实世界正确认知的体现，而这些顾虑本应搁置。诚然，沙特的神权制使我们步履维艰，但就此轻易放弃，终止往来却绝不可取。世界上有太多的独裁政权，欧盟承担不起把政治当慈善所要付出的代价。若将政治当慈善，欧盟宛若庞大的非政府组织，或许能保留纯真状态，却永远无法维护自身的利益。贫穷而纯洁不能成为我们的战略目标。

这条红线应该在哪呢？欧盟在与任何国家合作期间，决不能让自身成为侵犯人权的党羽。欧盟不能资助引发损害人权的活动，不能出口武器以供不正当使用，不能参与违反战争法规与国际惯例的军事行动。

然而总还会存在一片灰色地带，尤其是涉及安全合作。在反恐斗争中，欧洲情报部门与南部邻国的情报部门保持着密切的合作关系。摩洛哥与土耳其情报机构也密切关注着摩洛哥与土耳其的社群，尽管相关的大多数公民（也）属于欧盟成员国公民。许多其他邻国情报部门的情况也类似。我们清楚地知道，那些情报部门使用的手段在欧洲是完全不允许的。倘若我是一个嫌疑犯，并且可以选择谁来审问我，我会毫不犹豫将自己交给比利时的情报部门，这绝不是因为我认为它们提供的饭菜会比较符合我的口味。因而很明显，与这些情报机构合作直接折损了我们有关人权的话语权。在反恐行动中采用严刑拷打的方式可能会激起更多的恐怖主义。与此同时，与邻国的合作对于我们在欧洲的反恐工作又十分重要。这实在不是一个容易的抉择。

接受没有百分之百明确答案的现实，并在我们利益最大化的前提下勇敢做出选择，这是以更加实用主义的路径参与国际政治的必要环节，也是折中途径的重要组成部分。避开选择，搁置不顾当然也算一种选择，但却几乎不可能成为正确项。

没有主权，何谈平等

在执政能力有限的国家，想要建立一项长期的用以推广平等的政策路径可行性相对较低。这样的国家要么通常受控于其他国家，要么被卷入与本土武装势力或其他国家的战争中（通常二者并行）。一个力图创造平等的国家首先应该拥有主权，这意味着该国在完全独立，不受外部压力的干扰下做出自己的决策，并保持领土的完整。如果欧盟想要推广平等，就应该帮助那些欲与欧洲达成平等合作目标的国家捍卫其主权。

我强调这一点，是因为它非常重要，虽然并不明显。许多其他国家采用了完全不同的战略。譬如俄罗斯，便完全不追求平等、具有主权的合作国。在其所认为的影响范围内，俄罗斯寻求的是易摆布的受保护国，还有在外交、安全政策领域与莫斯科方面相符的附庸国，当然这些附庸国还需保证它们的经济符合俄方需求。欧盟必须清晰阐明我们的路径是完全不同的。

稍微想想我们东边的邻居。欧盟的目标并非让所有的那些国家与我们结盟。假想在布鲁塞尔欧盟委员会贝雷蒙大厦的顶楼召开着一次

第二章 战略：欧洲能做什么？欧洲想要什么？

秘密会议，欧盟拍板决定：我们必须把乌克兰拉过来，这是不可能的。坦白讲，欧盟并不需要乌克兰。基辅方面拥有自由的选择权，倘若它们决定与莫斯科方面进行紧密合作，而非布鲁塞尔，这对于欧盟来说毫无问题。甚至可以略微大胆地说：这样的局面对欧盟来说会轻松不少。我们与俄罗斯之间的危机将不再存在，也无须再担忧我们的能源供应从俄罗斯经乌克兰运送途中的安全问题。但如果乌克兰选择（也）与我们保持紧密合作，并接受采纳我们的价值观以及相关的许多规定，我们便不能容忍其他国家阻碍这一选择。

对欧盟来说，两种选择之间并不冲突。乌克兰同时与俄罗斯保持紧密合作，布鲁塞尔方面完全可以接受。是俄方将此演化为了一种竞争，因其坚信影响范围的排他性。欧盟的目标在于所有的国家都能做出自己的选择，而不能由其他任何国家来替它们选择。俄罗斯不能，中国不能，美国不能，欧盟也不能。

残酷的现实是，为了实现目标，欧盟在某些情形中必须向其他国家进行军事援助。譬如一个国家的主权受到破坏，被其他国家所占领，抑或解体，这些都威胁到欧洲的重要利益。然而，一个国家自身的独裁政权并不能构成发起军事行动的理由，因为那将导致一系列永无止境的战争。只有在严重侵犯人权（战争罪行、反人道主义罪行、种族清洗、大屠杀）的情况下，联合国安理会才能（仅有其能）下令进行军事干预。这被称作保护的责任准则（R2P）：在这类严重罪行中，倘若相关国无力或不愿保护自己的人民，或其本身就是犯罪者，国际社会应优先保护人民，而非相关国的主权。至于欧盟可以动用武力的情形，我将在第五章进行详细讨论。

具有欧洲特色的现实政治

平等与主权可构成新欧盟大战略的核心。我们的根本目标是维护欧盟基于平等的社会模式（鉴于在欧洲依旧存在着许多不平等，这种模式仍需改进），以和平、非对抗的方式为前提，且最行之有效的方法是，以平等合作伙伴的姿态，且不论这些国家的政治性质，与它们在平等的多个维度（安全、经济、政治）上进行合作，从而实现双赢局面。这样做既避免了强迫他国施行它们并不愿采用的措施，也使我们无须假装能够实现那些难以完成的任务。根据经验推测，随着时间的推移，我们的合作国在其他方面逐渐实现的平等将会催促这些国家的公民提出对政治平等的需求。因此从长远来看，对于那些国内稳定、不愿动武的国家，目标依旧是治理良好的民主国家。在实现目标的进程中，我们决不可在与其他国家合作时加入侵犯人权的队伍。我们承诺，对于那些愿意与我们进行长远合作的国家，我们已准备好帮助其捍卫国家主权，对因选择与我们合作而陷入困境的国家尤其如此。

这一大战略忠于欧洲构建根基的普世价值观，但以一种诚恳而实用的旨向，舍弃了我们无法达成的期望，又将现实世界中的机遇与局限纳入考虑范畴。这一战略还传达着肯定而坚决的声音：我们在欧洲建立起的社会模式让我们引以为傲，我们也能同样自豪地将这一模式推广到世界各地。过去我们总是居高临下、指点江山，但这并不意味着欧盟现在就该矫枉过正：一项宏大战略不能以谦卑的姿态来施行。一个强国倘若表现得谦逊有礼，要么会被视作假装谦虚，要么会被当成欧洲空想世界的又一种表现——我们将依然难以被严肃认真地对待。无论我们承认与否，欧盟由于其政治、经济及军事实力，已成为一支强大的国家联盟。问题在于我们是否愿意展现出强大的一面，动用一切权力工具以塑造世界，而非消极地在历史进程中穿梭。但这并不意味着欧盟应该像其他许多国家一样搞强权政治。一种与众不同的大国姿态以平等与主权为核心，这确切地将欧盟与其他强国区分开来。

这一战略近似于向现实政治的回归，这一术语在此取其本意。现

第二章 战略：欧洲能做什么？欧洲想要什么？

实政治一词具有相当负面的含义，一听到这个词，我们便会想到俾斯麦、基辛格以及（有些远古的）马基雅维利：为达目的不择手段。然而这一术语却是在1853年由一位德国自由主义者创造。具有革命意义的1848年，路德维希·冯·罗乔（Ludwig von Rochau）投身将自由宪法引入德国的工作。尝试以失败告终，这让罗乔否定了自由派乌托邦主义——但未否定自由主义的民主价值观本身。在他看来，现实政治意味着，必须以实用主义的战略将自由主义价值观付诸实践。尖锐些来说，那些只是梦想着自由主义价值观的人，将永远无法实现梦想。不采用实际的战略去获取权力、使用权力，一切只会止步不前，停留在梦想的层面。这正是欧盟所应该做的：以务实的手段，将所有维度上的平等付诸实践。由于当今现实政治这一概念在使用时具有不同的意义，因此我们可以将其称为具有欧洲特色的现实政治。

2016年6月，经过一年的协商，莫盖里尼向欧盟委员会提交了新的战略，这一战略正是朝着上述方向行进的。《欧盟外交与安全政策的全球战略》或称《全球战略》（英文简写EUGS），部署了欧盟接下来五年至七年的对外行动方向[1]。新战略正是在介于不切实际的理想主义与不择手段的强权政治之间寻求一条折中的道路。这一折中道路被称为"有原则的实用主义"[2]。这一术语并非用来博人眼球，与之相反，在布鲁塞尔并未流行开来。关于术语的命名并非没有其他提法，在战略早期的版本中便有"实用理想主义"，但显然遭到了反对。无论如何，"有原则的实用主义"的确是欧盟需要的欧洲现实政治。

---

[1] 此处所谓"全球"，须从地缘政治与功能两个层次来理解：这一战略涵盖了欧洲与全球在全方位的关系，涉及方面从贸易、发展到外交政策与国防。

[2] 与此同时，戴高乐也在其戴高乐主义条款中对"有原则的实用主义"进行了定义。这纯属巧合，却让人想起法国人为欧元区内国家旧货币命名的小伎俩。欧币ECU本意指"欧洲货币单位"（European Currency Unit）的缩写，但其恰好与法语中法国的旧式硬币"埃居"（écu）同名。

更偏向于现实政治路径的重要性变得不言而喻，最重要在于《全球战略》首次阐明了欧盟的核心利益。如前文所述，长时间以来人们都对欧盟语境中的利益避而不谈。通常认为，谈论并列举欧盟的共同利益或许是有趣的学术实验，现实却是各成员国无法就此问题达成一致。但现在它们已统一意见，欧盟的核心利益已白纸黑字写入章程。章程所列并未出乎意料，因为现实中人人都明白我们的共同利益何在，要做的只是将其确切表达出来。

第一，《全球战略》申明，欧盟将"保障其公民与领土的安全"。第二，还将"增进民众富裕繁荣"。重要的是，《全球战略》明确补充道"繁荣必须共享"。可以理解为，重要的并不是欧盟作为一个整体所取得的繁荣，而是每一位个体公民的兴旺。第三，欧盟需要"促进民主的韧性"。此处同样有一项重要补充："始终履行我们的价值观将决定我们对外的可信度与影响力。"这三项核心利益覆盖了我所阐述的平等三维度。为能够维护这些利益，欧盟需要做到第四点，"推进基于规则的全球秩序，以多边主义为关键原则，以联合国为核心"。这四项核心利益既已成文，任何想要采取行动的成员国，包括莫盖里尼和欧盟机构自身，始终都能以此作为参照。

莫盖里尼的优先目标

现实政治也显而易见渗入《全球战略》提出的五大优先目标。在我们面临威胁与挑战的五大领域，为维护我们的核心利益而必须优先行动。

第一项优先目标为"联盟的安全"。我们的领土、疆界及公民必须受到保护。内部与外部安全之间具有十分明显的联系，2003年的《欧盟安全战略》并未涉及前者。在"9·11"事件（基地组织发起的对纽约世贸中心及华盛顿五角大楼的恐怖袭击）发生后，这一联系

第二章 战略：欧洲能做什么？欧洲想要什么？

被纳入战略的议题，但重点仍停留在欧盟以外的世界。在 2016 年，这样的做法已不切实际。人们对于发生在欧洲的恐怖主义、难民与移民危机、东欧成员国以及俄罗斯的强势独断感到担忧，期望有一项战略能够首先保障他们自身在国内外的安全。如果《全球战略》不能优先考虑内部安全，便不会被认真对待。

第二项优先目标为"东部和南部的国家与社会复原力"。欧盟并不能拯救世界，至少不可能在一天之内做到，因此明确强调欧洲自身的地缘边界："我们将首先在欧洲及其周边地区承担责任，进而在更远的区域寻求有针对性的接触。"地缘政治分析的结论显而易见：如果我们周边地区的局势产生动荡，对我们核心利益的潜在影响将是最大的。然而，我们对自身的地缘边界应有较为开放的理解：根据全球政策，我们的边界东抵中亚，南至中非地区。这在世界版图上占很大一块，涵盖了许多现有欧洲睦邻政策（ENP）中没有的国家，其中不少国家和地区还弥漫着硝烟战火。因此，对欧洲边界的强调并不应被误认为雄心壮志的缺失。恰恰相反，倘若欧盟意欲向其盟友与合作国，证明自己能够解决从乌克兰延至马里共和国范围内的危机，才有可能真正赢得大国地位。

在其新战略中，欧盟成功将自己与先前积极的民主化政策疏离开来。当我们的邻国内部产生朝向民主化的动力时，欧盟会义不容辞进行支持，因为理想状况下它们"成功转型为繁荣、和平、稳定的民主政体将对周边各相关地区产生影响"。但《全球战略》仅援引了突尼斯与格鲁吉亚作为成功的案例，在其他许多邻国并不存在民主化的倾向，还有部分国家并不期望实现在现有状态下与欧盟发生更进一步的关系。因而，新的重点并不在平等问题上，而在于国家与社会的复原力，这是民主化之外的另一选择。

究竟何为复原力？"当人们感觉到社会变得更为富裕，对未来充满希望，国家便具有了复原力"，《全球战略》如是提到。这与欧洲社会所立足的平等主义诉求相一致，但《全球战略》就复原力在实践中的意义显得较为含糊，提供的多种解读并未完善答案，反而将问题复杂化。很显然，复原力涉及"荒漠化、土地退化、水资源与食品匮乏"，同时还有"反恐、反腐、打击有组织犯罪"以及"人权保护"，也囊括"发展、迁徙、贸易、投资、基础设施建设、教育、健康及研究"等问题。这一宽泛概念怎样投入运作，又如何引导和平与平等，《全球战略》并未说明。而获取复原力的方法及其有效来源，战略也未详细阐释。

《全球战略》提出的第三项优先目标为"对冲突的综合管理"。由于比以往更为强烈地意识到将政治、经济与军事力量相结合的需求，更意识到了欧盟之外的残酷现实，人们得以选择现实政治，"对欧洲而言，软权力与硬权力应齐头并进"，莫盖里尼在该文件的前言部分写道。2003年的《欧洲安全战略》已提出了地缘政治上的考虑，彼时便提出"即使在全球化的时代，地理因素依然重要"。除此以外，欧盟在《全球战略》中表明，其已看清其他国家如何加入地缘政治竞争中，为获取优势毫不犹豫采用胁迫甚至武力手段。因此，欧盟需要在军事层面上具有明确的抱负："欧洲人民必须能够保卫欧洲，应对外部危机，协助合作国发展安全与国防实力，通过与他国合作履行相应任务。"如有必要，欧盟应能够基于其军事层面的抱负独立行动，这或许可追溯至莫盖里尼在前言中提出的"战略性自主"请求。《全球战略》明确表示："欧洲在安全与国防上付出的努力应赋予欧盟自主行动的权利，与此同时欧盟仍将致力于与北约合作，联合行动。"

第四项优先目标为"合作性地区秩序"，也可解读为认可对现实政治的需求。世界上许多地区，都在上演着超级大国与地区性强国在势力范围和自然资源上的激烈角逐。包括俄罗斯与欧盟之间，中东与波斯湾之间，都是竞争激烈的区域。这些区域内需要建立起一个新的

第二章 战略：欧洲能做什么？欧洲想要什么？

地区秩序，能够满足相关国家的需求，通过新的势力平衡带来地区的稳定。这一外交挑战的重要性不言而喻，欧盟已做好迎接挑战的准备。

譬如，《全球战略》指出，欧盟将试图敦促伊朗与以沙特阿拉伯为首的海湾合作委员会双方进行会谈。因为双方为取得在波斯湾地区的主导权长期进行斗争，其中包括在叙利亚、伊拉克及也门战争中进行军事干预，形成对抗。欧盟作为少数与德黑兰与利雅得两方都能保持良好关系的重要角色，这正是其具有外交潜力的有力例证。相比较而言，美国国内有关与其"宿敌"伊朗的关系则依旧争议不断，尽管此前双方已在2015年就伊朗核问题达成协议。与伊朗相比，许多欧洲人并不认为所谓的"盟友"沙特阿拉伯能好到哪儿去。两个国家都侵犯人权、实施死刑，部署军事力量时也全然不顾普通民众的安危。从政治上而言，伊朗其实比沙特更为开放，毕竟伊朗还实行总统大选。尽管选举过程存在操控，但依旧给予了民众一定程度的选择权。

最后，第五个优先目标将目光投射回2003年《欧洲安全战略》中的理想主义议程。不加约束的强权政治会导致局势紧张，发生冲突的可能性加大。避免引发冲突的唯一途径是引导大国强国与其他行为体尽可能地进行合作，这种合作可通过各种国际组织、条约、合作机制以及临时小组等方式得以实现。事实上，这对于积极主动的欧盟外交政策同样是一项任务。以"21世纪的全球治理"为纲，欧盟力求将一个强大的联合国作为多边规则秩序的基石，与国际地区组织、国家和非国家行为体一起构建全球的协调反应体系。2003年的战略将此称为"有效的多边主义"。欧盟的目标并非维持这一多边主义体系，而在于对其进行彻底改革。否则，那些未享受充分代表权的国家将不顾一切创建自己的组织，联合国各机构中成员国的广泛代表性，以及广泛适用的规则将受到损害，这也势必与欧洲的利益产生冲突，因此，在现有机构中让每一个成员国都能发声就变得尤为重要。

立足实际，切实可行

《全球战略》为欧盟这一国际行为体划定了需立足实际且切实可行的宏伟目标。之所以要立足实际，是因为欧盟要想将议程变成现实，就必须提升实现格局。这需要欧盟在现行基础上制定更主动积极、更具创造性的外交政策。但也切实可行，因为欧盟有能力实行这样的政策：欧盟已经具备，并且只要愿意，便能够取得一切必备的条件。切实可行的另一原因还在于，这一战略是以现实世界为依托的。这个欧盟外的残酷世界，正被强权政治、利益与地缘政治推动着前行。理想依然不可或缺，因为理想指引着我们努力的总体方向。但你也需要一份具体的行为计划，来指导你如何朝着方向一步步前行。这便是"有原则的实用主义"，或者说"具有欧洲特色的现实政治"。

欧盟必须承担起使命，因为"脆弱的世界需要更加自信与负有责任感的欧盟"，莫盖里尼在战略前言中写道。在这本已脆弱的世界，没人能保证成功的必然。2016年11月8日，唐纳德·特朗普当选美国总统，这为本已紧张的局势又增添了几分不确定性。欧盟本身也具有一定的脆弱性，甚至这种脆弱超乎我们的想象。除了英国脱欧的问题，还包括在某种程度上取得成功的各类明确反对欧洲一体化的新旧政党。

在欧盟能够践行新的现实政治之前，还须进一步阐明其战略取向，并就一些难题做出抉择。欧盟是否希望以自主的姿态面对美国，我们敢不敢这么做，又有多自主？长远来看这对于北约所起的作用意味着什么？与此同时，我们与另外两个大国：中国与俄罗斯，又想保持怎样的关系？"有原则的实用主义"对于我们与毗邻国之间的关系究竟意义何在？复原力是否足以作为一个新的出发点，还是说欧盟更应该推进平等的概念？对于那些倾向终止与我们合作的邻国，倘若欧盟无法在必要时动用军事手段保全它们的领土完整，谈论复原力乃至平等是否还有意义？欧洲是否具有承担这一角色所必需的军事条件？

  所有这些难题都摆在我们眼前，在当今的全球化环境下这些问题无法再逃避。继续拖延对这些问题的探讨毫无意义：我们等待抉择的时间越长久，就越有可能成为其他大国决策的目标。当然，作者个人坚决不相信那些国家会将欧洲的利益放在心上。

第三章
欧洲与诸大国

我们更在意美国可能的一举一动,还是其他两个大国——中国和俄罗斯——的行为方式?特朗普出人意料的当选对于欧洲人不啻为晴天霹雳(当然对很多美国人也是如此)。特朗普竞选时和(于2017年1月20日)就任美国第45任总统后宣布的很多理念与欧盟的世界观及利益格格不入。特朗普执政的前几个月证实了欧洲所有的担忧。全世界都看到了很多特朗普观点非黑即白、转变激进彻底的例子,而这些例子比世界所喜闻乐见的要多得多。

有这样的朋友……

特朗普扭曲的世界观最为刺眼的例证在于其对全球经济的观点。特朗普感到美国受到了欺骗。他认为,美国是全球经济的输家,被现有的多边自由贸易协定置于严重的弱势地位。特朗普称,从(多边自由贸易协定)中获利的主要是欧洲和中国。他偏爱的解决方案是保护主义:实行关税以限制来自进口的竞争并重新制定贸易协定使之有利于美国。至于他认为将如何劝服其他国家放弃现有机制而接受损害它们利益的新协定仍不甚明了。

但这些不仅仅是说说的。在特朗普做出决定后，美国、加拿大和墨西哥关于北美自由贸易协定（NAFTA）的谈判已重启。如果谈判不能达成一个（对美国）更有利的结果，特朗普已经宣布他将退出北美自由贸易协定。特朗普不喜欢墨西哥这一点是非常明显的：他竞选的主要承诺之一即是建造一堵巨大的边境墙将美国与其南方邻居隔开。然而，（为修墙）安排预算要比预想中困难，由墨西哥自己为边境墙付费的可笑想法也很快变成了泡影。但加拿大也同样非常担心，因为它在经济上几乎完全依赖于它的南方邻居。渥太华唯一可聊以安慰的是特朗普并没有如他实际上已经向选民承诺的那样，直接取消北美自贸协定。

特朗普认为，通过类似的方式，他能够迫使德国——他在欧洲主要的"替罪羊"——接受一个新的双边贸易协定。在（两国首脑）首次会晤期间（2017年3月17日于华盛顿），默克尔总理不得不向特朗普解释，很遗憾他的这种想法在法律层面是不可行的。因为欧盟是一个单一市场和关税同盟，所以对外贸易的管辖权属于欧盟，成员国本身并不能单独缔结贸易协定，即使它们想要这么做。讽刺的是，媒体将此次会晤称作一次自由世界的领袖与美国总统（后者被认为不再能充当自由世界的领袖这一角色）的会晤。在特朗普首访布鲁塞尔期间，在一次北约会议上（2017年5月25日），他会见了欧盟领导人，也同意就贸易问题进行美欧磋商。然而，他对于跨大西洋经济关系明显持有十分怀疑的态度，甚至曾在与欧洲理事会主席和欧盟委员会主席会晤时放出德国"坏、非常坏"的言词。

特朗普首访布鲁塞尔正值耶稣升天节，但显然他并没有给予欧洲很多的尊重。整个世界都看到了北约会议上的集体合影片段，当时特朗普粗鲁地推开了黑山总理，以便使这位"特朗普宫"的主人能够到达第一排为他预留的位子，抬头挺胸，像他在任何一座特朗普大厦那样浮夸和耀眼。那一天，欧洲人了解了"美国优先"：这句口号其实指的是"特朗普优先";他们也看到了那些冒险去遮蔽特朗普公众形象之人的倒霉下场。

保护主义并不可能复兴美国被抛弃的煤矿和工厂,如果特朗普确实是为了造福美国蓝领工人而想要重振美国经济,他应该执行他的投资计划,这是他唯一理智的竞选承诺。每个去过美国的人都能证明这个超级大国在基础设施方面是多么的落后,不仅仅是与欧洲相较如此,甚至在很多方面连中国都比不上。但由于一多半美国人没有护照,他们从未出过国,可能也就没有意识到他们破败不堪的机场和摇摇欲坠的桥梁已不是世界最好的了。他们也不知道,在世界的其他地方已有了高速铁路。但在高铁方面的投资计划可能永远不会在美国实现。特朗普以每年增加10%的国防预算(在这一预算已相当庞大,接近6000亿美元时)和宣布对高收入群体进行大规模减税开始了他的任期。他将从哪里募集基础设施方面的投资?这很符合控制着参众两院的共和党人的心意,除了防务之外,他们主张一个无论如何尽可能小的联邦政府。贸易保护可能导致全面贸易战,其后果对于美国和欧洲的蓝领都是重大的。如果美国在这条路上一意孤行,它与欧洲的决裂是不可避免的。

特朗普与中国令人忧虑的关系是欧洲关切的另一个原因。中美之间的贸易战对于全球经济将是一场灾难。但特朗普为了维持美国在太平洋的支配地位,仍然在亚洲增加军事压力。平心而论,这种做法是对其前任奥巴马总统所实行战略的延续。2012年,奥巴马宣布"重返亚太":美国大战略重心转向亚洲,尤其是中国。原因很简单:在华盛顿看来,俄罗斯已不再能威胁美国的世界地位。俄罗斯是个衰落的大国,其单一的经济完全依赖能源市场,其人口规模也停滞不前[①]。

[①] 俄罗斯人口自1991—2009年持续减少。自2009年以来,有小幅度增长,但2017年的人口仍比1991年少400万。

当然它仍是一个核大国,即便衰落了也能在它想出击时还以颜色,而在核这方面俄罗斯可能更为积极以巩固其地位,但俄在较长一段时间内已不再是美国势均力敌的对手。唯一可能赶上甚至超越美国的大国大抵只有中国。

对中国权势和潜在意图的美国式评估与欧洲不同,而它也阐释了美国"重返亚太"的原因。这一"重返"并不一定需要对装备和物资的大规模重新部署,虽然相对于其大西洋舰队,美国已然加强了其太平洋舰队,而在过去两洋舰队规模相当。但驻守欧洲的美军规模在数年间已从顶峰时期的25万人缩减到现在大约6万人。驻留欧洲的美军大多数不是作战部队,而是使美军能够在全球部署和补给的大型后勤枢纽。当然,对欧洲本地的(部署和补给)也是必要的。美国只是从2017年起才在欧洲与俄罗斯的交界地区部署了新的作战部队,作为在波兰和波罗的海国家前沿地区进行力量部署的一部分。此举应数个北约盟友所要求,是为了向俄罗斯释放"北约已准备好保卫自己"的信号。这事关数千军人,但已与冷战期间事关数十万人不同了。这一"重返"战略意味着美国对于其优先事项进行了重新排序,据此以一种不同的眼光看待世界。诚然,美国仍是拥有全球性利益的大国,如果这些利益包括在欧洲和中东的利益遭到威胁,它就会出面干预。但在美国自己看来,这些地区更像是使人分心的干扰而非真正值得追求的目标。如若能力所及,华盛顿真正想聚焦的是中国和亚洲。

问题是:美国将如何推行它的亚洲战略?在上任后的前几个月,特朗普着重强调了"重返"战略中的军事方面,此举被认为旨在遏制中国。当特朗普表现出对"一个中国"原则的怀疑时,中美关系有了一个"糟糕"的开始。根据这一原则,世界各国只将中华人民共和国视为一个主权国家,而不把被视为其一省的台湾省看作主权国家。在实践中,大多数国家主张维持现状并认为和平方式是唯一可接受的解决方式。它们与台湾省维持着某种程度的所谓"联系",但官方意义上它们只在台北保有贸易办公室或者类似的机构而非大使馆。特朗普则更为出格,他表示如果中国不愿意重新讨论(中美两国)经济关系,他可能会重新考虑台湾省的地位问题。与所有的前任不同的是,他接听了台湾当局领导人蔡英文祝贺他当选的电话。随后,在与中国国家主席习近平的通话中,特朗普确认美国不会质疑"一个中国"原则,另一份声明是中日之间的争议岛屿适用于美日防御同盟。

并不令人吃惊的是,2017年4月,在佛罗里达州的旅游胜地海湖庄园,当中国国家主席习近平与特朗普首次会面时,世界都屏住了呼吸。在贸易问题上,双方就设立一个冷却期达成了一致,决定实施以贸易谈判为核心的"百日计划",并促成特朗普随后对中国的国事访问。习近平的出访因特朗普下令用导弹对叙利亚一处空军基地进行打击(于2017年4月7日)而蒙上一层阴影。这一打击是对叙总统阿萨德的政府军"公然使用化学武器"的一次报复(而此前美国打击的目标仅针对"伊斯兰国"而非政府军)。另外,特朗普似乎对此食髓知味。在差不多一周后的4月13日,大型空爆炸弹(MOAB,在动作片中通常被称作"炸弹之母")被首次使用,用以打击阿富汗境内的"伊斯兰国"分支。

同时,美国开始威胁要对朝鲜采取军事行动,以迫使金正恩政权放弃其核武计划。这场危机在2017年7月4日美国独立日当天达到了一个高潮。在先前数次导弹试验后,朝鲜成功试射了它的首款洲际弹道导弹,此举被认为已将北美大陆纳入其核武器的射程之内。当特朗普用"火与怒"威胁朝鲜时,世界再一次屏住了呼吸,而金正恩则以威胁打击美国领土关岛作为回应。当然,问题在于朝鲜而并非美国,因为是朝鲜在2006年首次进行了核试验,但我们期望美国能在解决问题方面有所助益,而不是以火上浇油的言辞"帮倒忙",并升级危机。而世界看到的是一个似乎行事冲动、对其言辞后果不多加考虑的美国总统。

特朗普于2017年5月访问以色列，虽然特朗普曾发表过和平言论并与巴勒斯坦总统阿巴斯进行过会谈，但很快就清楚的是，以色列总理内塔尼亚胡并不忌惮特朗普。恰恰相反，2017年12月6日，特朗普宣布美国将承认耶路撒冷为以色列的首都，无视了巴勒斯坦人的权利和国际社会的立场。一如预料，此举的直接后果是遍及该地区的愤怒和暴动。到现在为止，我们只能用特朗普演讲结尾的那句话来呼吁大家加入"追求持久和平的崇高事业"中了。

如果特朗普另一重要的中东行动——对阿萨德政府军的导弹打击——的目标是在叙利亚战争中用强力获得突破，但阿萨德的政府军一方很快证明了其同样无所畏惧。俄罗斯对于打击的第一反应是强化其支持叙利亚阿萨德政权的立场，此举在欧洲看来唯一的好处是，无须继续担忧试图展示其治国才能的特朗普会在牺牲欧洲利益（特别是在乌克兰）的前提下与普京总统较快达成交易。在其竞选期间，特朗普与普京关系十分紧密，关于特朗普竞选团队与俄罗斯相勾结的怀疑也很快出现了。特朗普首任国家安全顾问弗林将军甚至因其在特朗普与俄罗斯人联系的问题上撒了谎而不得不辞职，针对这一问题的特别调查也已启动。但俄罗斯对于特朗普打击叙利亚的反应清楚地表明，特朗普与普京的蜜月期将不会出现。这并不意味着美俄之间达成协议是不可能的，但协议的达成将一如既往地取决于双方就具体利益所进行的长期谈判，不会仅仅因为特朗普的偏爱而从天而降。

在2017年7月初"二十国集团"汉堡峰会上，特朗普和普京首次会面并宣布了在叙利亚的局部停火。但如果不将伊朗问题的解决纳入其中，那么一份真正的和平协议将不可能达成；同时，有关叙利亚和伊拉克战争的永久性安排也不可能实现。伊拉克曾一直扮演着平衡伊朗的力量，但2003年美国入侵伊拉克以及随之而来的伊拉克内乱，最终使得伊朗成为中东不可或缺的力量。但对于美国右翼而言，尽管达成了有关伊朗核计划的国际协议，伊朗仍是"邪恶轴心"之一。在欧盟快速启动与伊朗关系正常化进程的同时，美国在是否启动与伊朗关系的正常化上仍具有较多争议。在2017年5月对沙特访问期间，特朗普公开站在了利雅得一边对抗德黑兰，这也确实是欧盟认为美国所不应该做的。欧盟没有选边站队，而是在沙特和伊朗之间保持同等距离，并寻求建立双方都能接受的地区均势，这也是欧盟断然不会追随特朗普的伊朗政策的又一例证。

在所有的可能性中，习近平主席访美期间美国对叙利亚的导弹打击是为了同时向中国传达这么一个相当明显的信号：我们也可以在亚洲如法炮制，这个信号也在不久之后通过在阿富汗的行动和在亚洲的舰队活动得到了再次强调。当然，这在短期内可能有效，因为中国明白，当前它还难以与美国进行军事对抗。但从长期看，这事实上可能会起反效果，此举更进一步地鼓励中国强化其军事力量以便能在未来抵抗美国的相似压力。同样清楚的是，如果美国继续寻求在经济领域甚至是在军事领域与中国对抗，追随美国也将不再符合欧盟的利益。

美国并非世界上所有麻烦的祸根，俄罗斯也在欧洲制造了一定的忧虑。但特朗普极端的风格或者说没有风格，猎获了所有人的注意。结果导致更多的欧洲人担心美国总统这一欧洲最为重要的盟友将说出或在推特上发布的言论，而非世界政治中的其他行为体。如果特朗普继续采取对抗性的方式推行外交政策，他将增加而非减少全球的紧张气氛。特朗普政府新发布的《国家安全战略报告》无疑预示不祥，报告的关键词是竞争，尤其是和中、俄的竞争，其鼓吹"打造一个能在竞争中取胜的美国是预防冲突的最好办法"，然而事实上，竞争也会制造冲突。

不可预测性

问题是我们不知道特朗普会做什么，正是这种不可预测性才变得更加危险。大国的意图越清晰，越能将全球政治带上更为稳定发展的道路。由于其巨大的自负、强烈的冲动和缺乏深度（城府不足），特朗普被与德国皇帝威廉二世相比，后者因为其欠缺考虑的结盟和挑衅将他的国家拖入第一次世界大战。威廉二世一将帝国的设计师首相俾斯麦解职，就很快开始将国家带往错误的道路，并开始将自己想象为战略大师，而"巫师之徒"特朗普却在没有俾斯麦或基辛格指导的情况下就启程了。

特朗普政府的不可预测性不仅是因为总统的个性，还因为这样一个事实，即白宫内部至少有三个派系。它们持续相互矛盾，在某个时刻谁能发挥最大的影响也不甚明了。

首先是以白宫前首席战略师班农为首的理论家。这股势力被委婉地归为美国"另类右翼"，班农和他的党羽应当以其本质属性被命名为极右翼。班农已被解雇但其他人仍然留了下来。副总统迈克尔·彭斯也属于政治光谱的极右派，这一政治立场的见证是其担任印第安纳州州长时以积极限制堕胎权和对抗LGBT群体（性少数群体）著称。如果特朗普被弹劾，这是很多欧洲人希望的，我们将肯定会迎来一个更有礼仪感的总统，但在政策层面他将如特朗普一样远远偏离欧洲主流。

在班农之流的影响下，特朗普是第一位对欧盟本身的存在表示反对的美国总统。他的很多前任会怀疑欧盟成事的能力，特别是在外交和安全政策上，这一点无可厚非。但他们都意识到，欧洲大陆的稳定是美国的核心利益，而正是欧盟确保了这种稳定。美国正是第二次世界大战后欧洲一体化进程的提倡者之一，推动的方式是将"马歇尔计划"之下的经济支持与欧洲合作联系起来。然而在"马歇尔计划"推出 70 周年的 2017 年，特朗普表达了对英国退欧的欢迎，并希望更多国家效仿英国退出欧盟。在 2017 年 7 月访问华沙期间，特朗普好像在给波兰政府加油打气，鼓励其对于布鲁塞尔官僚的勇敢抵抗。欧盟不能对此置之不理：我们最重要的盟友如此登峰造极的（负面）态度确实非常危险。

除了理论家，还有专业人士，首先是将军们：国防部长詹姆斯·马蒂斯（James Mattis）、国家安全事务助理赫伯特·麦克马斯特（Herbert McMaster）[接替另一位将军弗林（Flynn）]以及白宫幕僚长约翰·凯利（John Kelly）。特朗普上台时，马蒂斯得到了很多人的特别举荐，因为他被视为理性的声音，能够避免总统冒险。但在一系列对叙利亚、阿富汗和朝鲜秀肌肉的行为后，我们还能确信这一点吗？指望一个绰号是"疯狗马蒂斯"的人充当内阁中最理智的人，这从一开始就希望不大。这些人可能自视能约束总统，但他们其实与总统在很多观点上是一致的，特别是在伊朗问题上。我们不要忘了小布什总统身边也有很多经验丰富的部长和顾问，这些人当时建议他入侵伊拉克、推翻萨达姆政权，而结果如何我们都已经很清楚了。埃克森—美孚前首席执行官、国务卿雷克斯·蒂勒森（Rex Tillerson）起初不常露面，后来也加入了积极的专业人士群体中。随着他地位的上升，也开始对他自己的部门大刀阔斧，削减了国务院 30% 的预算。一个美国退休外交官好友告诉我：很快，将不会有人愿意留下来追随蒂勒森，最后估计就只会剩下那个为他冲咖啡的女士。

然后是他的家人。在这个白宫中，总统的家人对于决策似乎有着巨大的影响力，特别是总统的女儿伊万卡和女婿贾瑞德·库什纳。这两人都被正式任命为总统顾问。这使欧盟及其成员国更难找到一种合适的方式来与特朗普政府打交道。

在特朗普到访欧洲之前，彭斯、马蒂斯和蒂勒森都被派往欧洲参加 2017 年 5 月 25 日的北约特别会议。三人传达给欧洲人的是我们想要的消息：美国会继续支持欧盟和北约，但他们很快给所谓的声明增加了限制条件。彭斯告诉欧盟，得做出艰难的经济决定，无论这事实上可能意味着什么。马蒂斯告诉北约，如果欧洲人不在防务上投入更多的钱，那么美国可能觉得有必要节制对北约所做的贡献。这可能是特朗普政府第一次在某一议题上展现出"节制"的态度，而在此之前都是相当极端的。特朗普在到访欧洲期间确认了这一点，在欧洲各国国家元首和政府首脑眼前展现了他野蛮的风格。但部长和总统言辞不一的例子相当多。没人能说清，副总统或者部长所做的声明是否得到了总统的首肯，总统甚至不认为应受自己声明的约束。他今天说的话可能第二天就被他在推特上推翻了，这也加剧了白宫的不可预测性。

然而引起关注的不只是不可预测性。一个只会将所有脏水泼向外部世界、相信美国不需要任何人就能把自己的事情做好、将媒体攻击为人民公敌、给所有不赞同的人扣上"坏美国人"的帽子、给家庭成员安排公职的总统：如果这件事发生在美国以外的另一个国家，我们会说这些都是独裁正在形成的明显迹象。但因为这关乎美国，我们于是努力寻找相反的证据。即使美国无疑是一个充满活力的民主国家，但美国人仍对自身抱持忧虑，（美国人）对于违反宪法和基本道德规范的决定有着强烈的抵抗，尤其是来自法庭的抵抗。

但除去勇敢的参议员、前总统候选人约翰·麦凯恩（John McCaine），几乎看不到共和党内部有多少抵抗。共和党的权力事实上已经被特朗普篡夺了（而他先前曾自称为一个民主党人）。一个只有通过容许这种接管才能赢得总统大选的党派，在随后很难对总统构成制约，特别是如果这个党认为它仍然需要特朗普总统的光环来赢得参众两院选举。很多美国观察家不只将当前的政治局势与威廉二世时期相比，还与20世纪二三十年代（希特勒上台前）相比。但如果特朗普不能像他承诺的那般创造很多就业机会，很多没有那么富有的支持者可能会背弃他。

这些并不意味着美国将沉入威权主义，可能不会，但这对全世界的民主派，不管在美国还是在欧洲，都是一声警惕。民主仍是一场日常的斗争。一旦我们放松警惕，我们当前民主制度的脆弱程度便一目了然。

超越特朗普

特朗普在让我们着迷的同时，也让我们沮丧。欧洲不能控制特朗普。或者说实话，欧洲不能控制美国，无论谁是美国总统。我们等待，我们屈服，但我们很难有机会让美国走向某个方向。无可否认地，"唐纳德"还有某些娱乐价值。我们都很享受他最新发的"推特"带来的集体震惊。然后一切照常，直到他再次发"推特"，而后我们能再次畅快地表达我们的愤怒（以及我们的优越感）。然而，太多欧洲决策者在精神上依赖于美国，甚至对其卑躬屈膝。美国总统的所作所为自然对于欧洲利益至关重要，但这并不意味着我们应该不假思索地简单跟从。欧洲不再能承担这种代价，不仅因为特朗普，还因为一个最根本的真相，那就是我们今天生活在一个多极世界。这已是数年来的惯常，特朗普的行径只是使其昭昭而已。如果特朗普的民主党对手希拉里·克林顿赢得了总统大选或者彭斯接掌了总统职权，这点仍然适用。在一个多极的全球秩序中，美国利益并不会自动地与我们的利益相符，不同于冷战两极时期的情形。在那时，欧洲不得不在华盛顿和莫斯科之间选边站。但现在不再有阵营分立，在一个多极世界，数个大国同时竞争和合作，根据不同的议题不断变换自己的合作对象。在这样一个世界里，没人能捍卫我们自己的利益。当它们追求自己的利益时，它们甚至也不见得会将我们的利益考虑在内或是征询我们的意见。在特朗普众多有争议的举措中，有哪一个曾征询过欧洲人的意见呢？

特朗普对我们身处的世界秩序非常了解，当他宣扬"美国优先"这一竞选口号时，他只是用自己野蛮的风格转述了英国外交大臣帕默斯顿爵士在19世纪——另一个多极时代——所指明的东西。"没有永远的朋友，没有永远的敌人，永远的只有我们的利益，而遵循这些利益是我们职责所系。"这句著名的格言在今天依然如当年一般颠扑不破。

当特朗普提及他的盟友时，通常是向他们施压，要求对方付出更多。顺便一说，这不止包括他的欧洲盟友，他在亚洲的盟友也是一样。在与朝鲜相互威胁的过程中，特朗普突然在2017年4月撕毁了奥巴马时期达成的协议，宣布韩国必须为美国承诺部署的导弹防御系统（"萨德"）支付费用，价钱是10亿美元。同时，彭斯宣布2012年达成的《美韩自由贸易协定》必须加以修订，因为其将美国置于不利地位。这一切都是韩国主要盟友美国干的。特朗普也用相同的态度对待他在北约的欧洲盟友们：他希望修正贸易关系，希望欧洲增加防务开支。不遵从的国家可能会发现当它们陷入麻烦时将得不到美国的支持，特朗普就是这么暗示的。

欧洲人必须完全明白，这远远不是特朗普一个人的事。构成今日美国建制派的这一代人已经远比以前更为多元，欧洲裔的东海岸白人精英全凭他们自己已不再能发号任何施令了。在很多美国决策者的想法中，无论是民主党人还是共和党人都类似，不再有任何自然而然的事情。如果欧洲需要帮助，它必须证明为什么施以援手是符合美国利益的，这一点对于美国国会民主、共和两党显然都适用。

这一观点现在得到了学界和智库强力的支持，在2014年麻省理工学院教授巴里·波森写到，美国新的大战略的基础应该是克制。波森指出，美国已经不再将承担几乎所有盟友的防务责任视为理所当然。这使美国更安全了吗？不，因为它已经很安全了，南北方向只有加拿大和墨西哥相邻，东西方向又面向两洋。主要的结果是美国的盟友自身出力太少。解决方案是解散北约，进而迫使欧盟建立自己的欧洲自主防务力量，然后才能和欧盟本身缔结一个新的联盟。"作出必要的修正"，这一原则也适用于美国在亚洲的盟友。在美国的大学和智库中现在已经出现了一批主张克制的学者。因此这已经不是某种边缘观点了。只有在欧洲还有很多人相信美国像骑士一样总是会前来拯救我们，或者说服他们自己放弃更好的认知。

这并不意味着欧洲应该寻求终止与美国的同盟关系。恰恰相反的是，当北约运转良好以及欧美关系总体良好时，这对于欧洲利益是重大利好。但在这里，利益是关键词。跨大西洋联盟是欧洲大战略的一块基石。但仅有一块基石的建筑将很快倒塌。在一个多极世界内，与美国的同盟仍然是必要的，但不再足以捍卫欧洲的核心利益。另外，欧盟必须使用其自主权与其他大国和行为体建立联合关系。这种联合是灵活而富有创造力的，无论何时当这种联合符合欧盟目标时，就应该建立它。在原则上只能设想与其他民主国家建立一个全面的包含集体防御保障的联盟，但与所有人建立伙伴关系都是可能的。在一个成熟的跨大西洋联盟中，这应该是可能的，离开了这一点将会引发对联盟基础的质疑。因此，我们认为此时在特朗普、普京中间，哪个世界领袖最危险或最不声名狼藉并不重要。我们必须扪心自问的唯一也是非常现实的问题是，在哪个议题上我们能与谁合作。当利益需要之时，他们中的任何一人都不会在与另外一方的合作问题上犹豫不决。那我们为什么要犹豫呢？

当然欧洲不应该做的是只将自己的视线固定在北约上。但欧洲患上了"马奇诺综合征"，其症状是缺乏自信、不能看到大局以及整体上呈现出死气沉沉的状态。20世纪30年代的法国首次患上了

第三章 欧洲与诸大国

这种综合征,正如第二次世界大战前一样,法国人完全信任马奇诺防线这一位于其东部从法瑞边境延伸到法比边境的防御工程。而现在很多欧洲人将他们全部的希望寄予与美国的同盟和北约之上,这就是他们的"马奇诺"。尽管先前有质疑北约的声明,但特朗普声称北约并未过时(在2017年4月12日北约秘书长延斯·斯托尔滕贝格访问华盛顿时)仍然让人甚是欣喜。这能确保欧洲的安全吗?法国认为在防御工事背后是安全的,但随着时间流逝如此执念于马奇诺防线以至于它不再能看到(军事技术)的新进展如何限制了马奇诺防线的有用性。仅举德国装甲师这一例……它并没有使马奇诺防线变得多余,但它确实意味着仅仅一条"马奇诺防线"不再能保护法国。现在北约自然并非无用,而且恰恰相反。但如果与此同时,我们在北约最重要盟友的对抗性行为导致了全球紧张局势的上升,仅仅一个北约根本不能捍卫欧洲利益这样一个事实还不够清楚吗?仅仅取悦美国总统并不是一种战略,而只是一种"鸵鸟政策"。欧盟将必须自己捍卫自己的利益,为了稳定世界政治而使用其外交和经济工具。

欧洲也有其工具选择,通过贸易和外交,欧盟能够在大国间关系上施加积极影响。不一定非要部署航母群才能实现这点,因为欧盟也没有,当然有自然是最好。但是欧盟敢于自主行动吗?2016年6月发布的欧盟《全球战略》事实上证明是有先见之明的。它计划了一条欧盟能够在多极世界遵循的以现实政治为基础的道路。正如特朗普当选本应该充分表明的,欧盟也必须遵循这条道路。如果欧盟现在不能鼓起勇气根据自己的战略行事,这将是非常讽刺的。当然,假装什么都没变要简单得多,好像取悦特朗普(如果这可以做到)和按照美国的意愿行事(付钱)以捍卫我们的利益就足够了。如果什么都没变,就不需要做什么,但为了我们自己而(重新)出发确实也需要一些勇气。

在亚洲的雄心

当然,欧洲与整个亚洲开展贸易,因此欧盟必须有一个亚洲战略而不仅仅是中国战略。在这一方面,特朗普也同时为欧盟这么做创造了需求和机会。特朗普使美国退出了《跨太平洋伙伴关系协定》(TPP),这一协定本应该是澳大利亚、文莱、加拿大、智利、日本、马来西亚、墨西哥、新西兰、秘鲁、新加坡、越南和美国之间排除中国的区域自由贸易协定。就其退出而言,在战略上毫无意义,因为它意味着特朗普正在压缩美国"重返亚太"战略的经济议题。正如他正在增加美国军事层面的存在一样,特朗普在2017年11月亚洲之旅和参加亚太经合组织峰会期间所看到的,其他国家对于他提议的新的双边自由贸易协定并没有什么热情,即使这一提议将纠正他认为美国正在承受的不利状况。对于那些努力在中美之间保持等距的亚洲国家,TPP将会提供的经济锚地是非常重要的。随着"重返"战略的经济基础丧失殆尽,这些国家将更难避免被中国漩涡所影响,且中国确实在尽可能进入特朗普创造的真空地带。

如此一来,欧盟已经达成的或处于设想中的自由贸易协定(与韩国、日本、新加坡、澳大利亚和其他国家)变得更加重要。这种重要性不仅体现在经济层面,也呈现于战略层面,因为这些将是与西方全球经济行为体唯一可达成的自由贸易协定。这些自由贸易协定将会产生重大的政治影响,因为它能帮助这些国家,避免其陷入完全的经济(进而是政治上的)依赖。

但欧洲的路径是包容性的:欧盟并没有一个支持亚洲却对抗中国的战略。对中国的经济包围并非欧洲的目标,我们的目标是与中国合作的同时与其他亚洲国家缔结自由贸易协定。鉴于当前的经济体制,与中国本身缔结自由贸易协定尚不可想象,但双边投资协定可以成为第一步，据此逐步激励其成为自由贸易的捍卫者。通过这种包容性路径，欧盟有希望扮演亚洲稳定者的角色。这可能是域内国家都接受的角色，因为欧盟及其成员国在亚洲军事舞台上并不重要。

欧盟这样一种战略显然会有不少伙伴。首先是澳大利亚，它在与美国的军事同盟和中国在其经济中日趋重要的地位之间进退维谷。因此，堪培拉无论如何都对中美关系的紧张升级不感兴趣，因为这无疑可能迫使它只能做出一个较坏的选择。加拿大也是一个包容性经济战略的伙伴，虽然对加拿大经济而言美国是不可替代的，但渥太华仍然在积极寻求对美贸易可能减少的部分进行补偿。加拿大近期已与欧盟缔结了一项《综合经济与贸易协定》（CETA），并正在亚洲寻找机会。日本显然也应该是欧盟的伙伴，但是安倍首相似乎已选择了另一条道路。他认为，捍卫日本利益的最佳方式是尽可能地靠近美国，这也是他成为在特朗普上任前第一个拜访他的政府首脑的原因。即便如此，在 2017 年 7 月初，日本也宣布了与欧盟签订的一项关于新自由贸易协定的协议，它在二十国集团（G20）汉堡峰会前夕发布的信息清晰地向美国表达了其反保护主义的立场。

动用在亚洲的经济权势来追求其整体战略利益这种做法深入欧盟骨髓。关于这种做法的一个昂贵术语是"地缘经济"：使用经济工具以实现政治、安全和经济目标。这与欧盟在乌克兰的做法相反，在乌克兰，欧盟只追求经济目标而没有考虑到政治和安全意义，而这么做的后果我们都已经很清楚了。虽然，大战略的本质是大战略涵盖所有权势工具，无论是政治的、经济的还是军事的，但乌克兰的例子显示，在实践中，大战略的实施并不总能按照预设的那样进行。相对于 2003 年版的战略，新版《全球战略》确实在贸易方面着墨颇多，但如果欧盟想采用地缘经济路径，它必须有意识地组织自身并有效地将贸易政策整合到外交策略中。当前，欧盟理事会的贸易与欧洲对外行动署还生活在它们自己的世界里，一个地缘经济战略并不会从天而降。

另外,最近签订的大型自由贸易协定之一的CETA(《综合性经济贸易协议》)几乎变成了欧盟的灾难。因为我的祖国比利时,或者更准确地说,比利时瓦隆大区首席大臣保罗·马格内特(Paul Magnette)由于国内政治的原因不同意比利时联邦政府签署该协定。最后妥协得以达成,比利时政府最终签署已由欧洲议会批准(于2017年2月)的协定,但所有成员国的议会以及比利时的地方政府也必须批准(才能生效)①。"CETA传说"给比利时的利益带来了重大的损失,但也意味着作为一个整体的欧盟丢了很大的面子。在欧洲之外,现在留下的印象是与欧盟进行数年的谈判(因为这是达成自由贸易协定所需的时间)可能最终竟会因一个小国家的某个小区域(因为这是人们所看到的)的反对而被推翻。正当地缘经济较往常变得更为重要时,欧盟的可信性已经被破坏了。

首先,为什么这个易被识破的伪装是必要的呢?因为CETA已变成那些反对不受控全球化人士的一个象征符号。反对有其正当性:欧盟确实应该努力调控全球化并通过严格的监管减轻其对社会、生态和其他方面的负面影响。这必须跟随我们的主要目标而行:捍卫和深化我们社会的平等模式。而这正是自由贸易协定旨在做的:规范全球化。

这并不意味着所有的自由贸易协定都是无可非议的。但对CETA颇具象征意义的批评——重点主要指向特别仲裁法庭,事实上误解了CETA。在欧盟的要求下,目前建立的特别法庭涵盖了来自协定双方的法官(包括来自公司部门的法官)。因为一些与我们缔结协定的国家,其本地的司法体系不可信任。在以下情形下,你想求助于谁:一个对政府言听计从或者被出价最高者控制的国家法庭,还是一个特别仲裁法庭?即便如此,在CETA的案例中,当然没有理由不信任加拿

---

① 凡是政府谈判代表签署的条约必须得到批准,比如得到相关国家议会的同意。

大的法治。但很多抗议不是针对一个特定自由贸易协定的细节，而是针对自由贸易原则本身。这在经济上是一派胡言：以出口作为强有力的欧盟经济引擎，并据此作为国家福利的来源。要确保欧洲富足的生活，就必须支持而不是反对平衡而全面的自由贸易协定。

可能最重要的是，当设计一个亚洲战略时，欧盟应该假定，即便存在诸多紧张，并不见得以战争为导向。不同于较多美国人以及部分欧洲人所想，战争并非不可避免。并没有这样一条历史法则表明，维持现状国家、崛起国家与衰落国家的同时存在必然会导致武装冲突。然而，那些这样想的人正在宣扬一种危险的观点，因为这可能很容易成为一个自我实现的预言。那些笃信者们戴上了眼罩：他们不再寻找减少紧张和预防冲突的办法，却只对如何将自己置于最好的位置以在即将到来的战争中取胜而感兴趣。

如果中美之间的战争确实爆发了，顺便一说，美国人并不会真的指望欧洲。提及以下事实既令人震惊，也启人深思：围绕该主题，有这样一本著名的非虚构作品。该书的作者主要试图阐述在高技术时代如何交战，而书中，欧洲仅仅被视为站在一边的角色。全书开篇在中国对美国发起出其不意的攻击后，（美国）召集了北约会议，而在会议上（它的）欧洲盟友很快得出结论：这不是北约的目标，所以我们保持中立。这样是理所当然的：如果并未遭受直接攻击，卷入一场大国战争可能让欧洲获得什么利益呢？更为重要的是，如何避免大国战争的问题。卷入大国的战争总是对整体政治和经济稳定有负面影响，但两个大国间的战争可能摧毁世界秩序，而一个积极、稳定战略的重要性是显而易见的。

俄罗斯的威胁？

俄罗斯是仅次于美国和中国的第三强国，但欧洲与其关系因乌克兰危机而陷入僵局。

俄罗斯对欧洲自身造成了军事威胁吗？不见得。俄罗斯的目标关乎苏联加盟共和国：莫斯科计划将这些国家囊括在一个排他性的势力范围中。事实上，这一战略大部分已经失败了。在格鲁吉亚之后，以一种过激的反应，普京现在又把乌克兰推入了西方阵营。中国在中亚地区的影响力与日俱增，但普京不能表达任何担忧，因为为了能够向欧洲展示他对于我们的经济制裁不很在意，他需要与中国保持良好的关系。

然而，俄罗斯将会持续试图对冲欧洲的影响力，尤其是在欧盟与俄罗斯之间的国家。为了这个目标，普京将寻找并利用欧洲每一个弱点，以动摇我们在乌克兰问题上的决心。但俄罗斯的目标不在于征服欧盟领土，甚至在波罗的海地区也是这样，即使爱沙尼亚、拉脱维亚和立陶宛曾被苏联合并过。（俄罗斯的）目标是乌克兰，倾覆欧盟只是一种手段。在俄罗斯国内，乌克兰，这一历史上俄罗斯国家的心脏地带几乎被视为一项国内问题。这解释了为何俄罗斯愿意走得这么远并为此承担沉重的成本，但同时这意味着其在乌克兰的行动不会成为俄罗斯在其他地区行动的前阵，自然也不是对抗任何一个欧盟成员国。事实上，面对欧盟保持相对模糊的态度更符合俄罗斯的利益：充分深入以使我们失去平衡，但又不至于引起强有力的反应。

如果欧盟自我分裂，那么普京当然将不会有片刻迟疑地扩大这些裂痕并进一步分裂各成员国。他的政策是极端的机会主义，换句话说，俄罗斯只能成为欧洲的威胁，如果我们允许它这么做。如果欧洲的政治家背叛了欧洲的价值观和利益，比如欧盟各国政府不再团结一致并让克里姆林宫收买它们，或者在竞选一国最高公职时，总统选举中的候选人轻视国家利益并在俄罗斯资金和黑客的支持下开展竞选活动，如2017年法国总统大选中的极右翼领导人玛丽·勒庞。普京能给欧盟公民提供什么样的经济和政治前景，以至于这种前景能够压倒留在欧盟一体化中的收益？俄罗斯的养老金制度？征兵制度？审查制度？普京的政策储备空空如也。

　　有观点认为俄罗斯能够轻易在一个欧盟成员国复制其在乌克兰东部的干预。这一观点之所以是一种谬误，是因为：乌克兰是一个分裂的国家，很大一部分民众感到被基辅政府忽略了，而且在文化上总是更尊重东方而非西方。这个国家过去不是，现在也不是北约和欧盟的成员国。在这种情况下，我们现在称为"复合战争"（也是经典战争，因为自古典时代以来，宣传和使用第五纵队已经像部署常备军一样是战争的一部分了）的战争模式能起作用。当一个国家不能给他们提供平等时，那么人民自然不认为因捍卫该国主权而战斗是值得的。但在任何一个欧盟成员国都不存在这种情况，甚至它也不存在于波罗的海国家，因为这些国家能为占少数的俄罗斯族提供比回归俄罗斯更好的前景（但这一点必须让这些公民心甘情愿地相信）。

　　当然，俄罗斯仍然是一个核大国，其常规武装力量达到75万人。这是北约仍然重要的原因，因为美国能提供核保护伞（英国的核威慑力量与美国紧密结合；另外，法国的核威慑力量是一支独立的威慑力量）。作为对俄罗斯在北约盟国东部边境秀肌肉的反应，北约包括美国，在波兰和波罗的海国家驻扎了军队。在每个波罗的海国家都驻扎一个加强营当然不能保卫它们，但这不是重点。军事上看，由于它们所处的位置，无法保卫波罗的海国家抵抗（俄罗斯的）侵略。在第二次世界大战末期在该地区的德国军队抵抗到了战争结束的唯一原因是，红军绕过了它们，并直接向柏林进军——这不是人们希望看到其重演的情节。

　　把所有北约盟友的军队部署在前沿地区，其目的在于，它可以让仅仅针对波罗的海国家的战争都变得不可能。无论谁入侵了波罗的海国家，从而触发了北约集体防卫保障的第五条款，都将发现自己与北约29个盟国处于战争状态。这是在前沿地区部署部队的经典"绊网"

功能，与冷战时期一样①。这一部署过去是，而且现在仍是必要的，不仅仅是给俄罗斯的信号，甚至更多是作为给波罗的海国家政治和军事领导人以及公共舆论的一种再保证手段。既然这些部队的目标是作为一个"绊网"，增加其数量便没有意义：为了发挥该功能，现在的地面部队已经足够了。

另外，仅仅28个欧盟成员国的常规武装力量加起来甚至已经达到了150万人。这150万人并非随时能投入战斗的士兵，但75万俄罗斯士兵也不是这样。我们看到在乌克兰活动以及沿着波兰和波罗的海国家边境进行大规模军演的俄罗斯部队只是其矛尖。但其矛柄已相当腐朽了。（我们）没有自鸣得意的依据，即使它想这么做，俄罗斯也不能威胁欧盟军队，不是因为我方有什么优势，而仅仅是因为俄罗斯军队比我们军队的状态更差，而且因为我们与美国有同盟关系，但俄罗斯正重新投资于其武装力量（虽然其经济状况限制了它的发展前景）。这是为什么欧洲确实必须紧迫地增加自己的军事投入的原因之一——我们将在第五章和第六章再提到这一点。然而，我们表现得比实际上更为虚弱并不符合我们的利益。脱离了一个健康的经济基础，军事力量毫无意义。根据世界银行的统计，俄罗斯2016年的国内生产总值（GDP）为1.283万亿美元。与其相比，欧盟的国内生产总值达到16万亿美元。比利时的国内生产总值，也达到了4660亿美元，比俄罗斯的1/3还要多。

对俄罗斯的耐心

只要欧盟在成员国之间和成员国内部保持团结，那么就没有必要

---

① 这种想法在法国将军（后来成为元帅）费迪南德·福煦那里就已经有了。在第一次世界大战前当被英国陆军元帅亨利·威尔逊爵士问及如果德国入侵法国将需要多少英国士兵时，福煦回答，只需要一名，而且我们将确保他将被（德军）杀害。

害怕俄罗斯。但如何能摆脱乌克兰问题上的僵局呢？

对于入侵和吞并克里米亚以及在乌克兰东部挑起和武装一场分离主义叛乱不作反应，并非欧盟的可选项。布鲁塞尔已然卷入过深，而且给乌克兰提供了过多的鼓励以至于其不能忽略这种鼓励。俄罗斯的行为当然构成在欧洲大陆上对于国际法非常严重的破坏，尽管起初有所犹豫，但欧盟因此对俄罗斯进行了制裁。然后在 2014 年 7 月 17 日，很可能是误判，分离主义叛军在乌克兰上空击落了马来西亚航空班机 MH17，造成全部 283 名乘客和 15 名机组人员丧生。这让所有认为不应该反应太过强烈的声音都消失了，并导致了制裁的强化。低迷的能源价格对俄罗斯经济的打击比事实上的制裁措施可能要大得多，因为它对能源出口有如此巨大的依赖。然而，制裁确实取得了效果。对于欧盟而言，如果俄罗斯不做出让步，解除制裁是困难的，如果不是不可能。

欧盟自身已经做出了一个重要的表态。2015 年 2 月达成的《明斯克协定》对克里米亚只字未提。这一协定是德国总理默克尔和法国总统奥朗德在俄罗斯和乌克兰之间斡旋而达成的。这是一个表示，即欧洲不会在法律上承认对克里米亚半岛的吞并，但也不会采取行动改变这一现状。我们将学会接受这一现实，就像我们已经学会接受阿布哈兹与南奥赛梯事实上的自治一样。在俄罗斯的支持下，这两个地区已脱离了格鲁吉亚。欧盟和北约可能走得更远，它们会正式发表声明提出它们不会接受乌克兰成为其成员。不管怎样，它们并不想这么做，但这个国家确实还没有为此做好准备，而且在长时间内它也不可能做好准备。但在我们能够提出乌克兰"芬兰化"（就像第二次世界大战结束后的芬兰，其得以在保持中立的条件下留在苏联势力范围之外）这样的提议之前，俄罗斯也必须释放一些善意。为了这一点，我们仍在等待。"俄罗斯认为乌克兰正拖延履行其在《明斯克协定》中的义务"这一观点并非毫无依据。

但事实是，俄罗斯也还在为乌克兰东部叛军提供武器并秘密地在该地区部署军队。如果没有这些，乌克兰东部只会存在要求更多自治的运动而不是一场由普京制造的武装叛乱。

暂时来看，欧盟（以及美国）似乎能够与俄罗斯达成结束叙利亚战争的协议。这或许能为普京在乌克兰作出让步创造一个积极的氛围。在某种程度上，欧洲和俄罗斯在叙利亚的利益开始趋于一致，至少是在不久之后。欧洲最为希望看到战争迅速结束，并逐渐开始接受这样一个事实：战争的迅速结束意味着得与阿萨德达成停火协议，无论这可能在道德上多么有问题，因为它的替代方案是战争无情地继续，造成更多人丧生。俄罗斯在叙利亚进行的是一场防御性战争，以避免乌克兰的情形重演：政权受挫，然后一下子失去其所有的影响力。

这第一次世界大战争目标，俄罗斯已经实现了。相较战争爆发之前，并没有多些什么或少些什么，但由于俄罗斯的军事干预，可以确定的是阿萨德仍将掌权。因此，俄罗斯的利益尤其是军事基地得到了保障。由于俄罗斯（以及伊朗）的军事支持，阿萨德将不会被打败，但他也无法赢得战争：他力量太弱，不足以重新控制叙利亚全部领土。但是普京开始将叙利亚视为对抗西方的另一个战场而不是寻求与其合作。对于乌克兰危机积极的外溢效应因此变得不可能了。2017年4月，美国对阿萨德一处空军基地的导弹打击只起到了让俄罗斯立场更强硬的作用。

这一切使打破僵局变得愈发困难，在乌克兰是如此，在叙利亚亦是如此。普京已使自己陷入了一条死路。即便是一个威权主义政权也必须在人民中建立起一些支持基础——单靠镇压是不足以维系政权的。在经济方面，普京对俄罗斯人所能做的承诺有限。这是他有意识地打民族主义牌的原因，他将自身塑造成能将俄罗斯带回到太阳下其应得的地位并能使虚弱的欧洲因恐惧而颤抖的强人领袖。如果这是他获得大众欢迎的唯一源泉，那么当然对于他而言，向别人做出妥协是困难的，甚至在这么做符合自身利益的时候亦如此。

但乌克兰认为，普京完全可以就此罢手，即干脆不去解决这一问题，让它成为另一个"冻结的冲突"，更符合他的利益。在俄罗斯的帮助下，乌克兰东部最后也会和阿布哈兹与南奥赛梯以及德涅斯特河左岸地区（从摩尔多瓦分离出来的一个地区）获得同样的地位。在"冻结的冲突"中，战斗不再进行下去（甚至在 2017 年年末，这也不是乌克兰的情形，每天仍有许多人伤亡）。但情势仍然持续紧张，而且暴力冲突很容易再次发生。在普京的眼中，这是一个最终不会那么昂贵，而且能使他在他需要的时候轻而易举地向基辅并通过基辅向布鲁塞尔施压的工具。

虽然制裁可能在乌克兰战争没有进一步升级上发挥了一些作用，但欧盟在避免出现这种情形上没有工具可用。因此它除了继续制裁之外别无选择，但可以将制裁更明显地与乌克兰东部的局势链接起来（理解并默默接受对克里米亚的吞并）。如果俄罗斯人愿意妥协，就逐步取消制裁措施。鉴于俄罗斯所有试图拆散它们的努力，28 个欧盟成员国在制裁问题上保持了令人瞩目的一致。但危机拖得越久，保持团结就越难，当然如果某一时候，美国将减少其制裁作为与普京交易的一部分——虽然特朗普在这一问题上就像和其他问题上一样不可预测，那么主张停止制裁并悄悄地与俄罗斯恢复正常关系的声音就将越来越多。但如果欧盟从俄罗斯那里一无所获，放弃制裁是否符合欧洲利益呢？与俄罗斯良好的睦邻关系仍是目标。这是捍卫欧洲利益的最好方法——但不是所有实现良好关系的方法都符合我们的利益。

更好的选择是区分与俄罗斯在不同方面的关系。这意味着双方可以讨论甚至在每一项互利的议题上进行合作，而不必牵涉在争议议题上改变立场。反过来，合作的附加值可能吸引俄罗斯改变其立场，虽然这可能需要莫斯科的政权变更。或者即便普京仍然当权，在2018年总统选举后，重新评估和一个新的开始有可能吗？

因此对于俄罗斯，必须要有"战略耐心"："我们必须等待。"这就是《全球战略》中所指明的，欧盟与俄罗斯关系的实质性改变建立在对国际法以及支撑欧洲安全秩序的原则完全尊重的前提下。但与此同时，欧盟可以"与俄罗斯接触以探讨分歧，并在我们的利益重合时开展合作"，包括在气候、北极、海上安全、教育、研究和跨境合作上的合作。接触也应当包括通过资助学生、公民社会和商界的交流加深社会联系。

欧—俄—中三角

同时，通过一种创造性的外交方式，欧盟能够尝试和引入其他行为体，并说服它们相信，缓和普京冒险的外交政策也符合它们的利益。

必须指出的是，如果其他国家真能加入欧盟的努力中，这可能不是因为它们由于俄罗斯入侵乌克兰而感到愤怒。确实，一个欧洲国家使用武力来修正边界并吞并了另一个欧洲国家的部分领土，这是第二次世界大战后的首次。这是欧洲新时代的开始吗？这无疑意味着冷战后一个时代的终结。在那个时代中，我们认为俄罗斯这一缓慢但必然地向西方演进的国家将成为我们的一分子。但在2008年俄格战争后，我们还没有明白这一点吗？指责其中一方或是各打五十大板并没有意义，但这却是一个错失的机会。虽然这意味着乌克兰危机并非像一些人使之成为的那样，是重新定义整个欧洲安全格局并改变游戏规则的事件。

可能欧洲与俄罗斯的关系仅仅是回到了从历史角度看（应该成为）的状态，而且自从彼得大帝以来，地缘政治便是一种"常态"。

俄罗斯太过庞大以至于它不能真正成为欧洲的一部分——它总是自己作为一个大国而存在，因此欧洲总是用某种怀疑的眼光来看待俄罗斯，而俄罗斯始终在对欧洲友好和远离欧洲之间摇摆不定。现在双方的不信任达到了一个顶峰，由于乌克兰危机导致了双方的军事对峙。随着时间流逝，这种不信任可能再次慢慢消散，直到达到一个正常水平。正如时任俄军总参谋长尤里·巴鲁耶维斯基（Yuri Baluyevski）2006年在布鲁塞尔埃格蒙特学院一场活动中指出的，"俄罗斯就是俄罗斯。俄罗斯不是欧洲，俄罗斯也不是亚洲。俄罗斯就是俄罗斯"。

欧洲以外的大多数国家都没有将乌克兰危机视为一个改变游戏规则的事件。在一个多极世界，西方和俄罗斯之间的冲突并未像其在冷战两极体制时那样主导国际政治。大多数国家并没有将（对乌克兰的）侵略视为一件特别令人震惊或是非比寻常的事情，不认为它们应该表示出相较过去的危机更为强烈的谴责。2015年以来在巴西利亚举办的由埃格蒙特学院合办的年度会议上，在南美与会代表间弥漫的情绪就是如此："对于我们来说，2003年美国入侵伊拉克和2014年俄罗斯入侵乌克兰之间并没有哪个比哪个更坏，而且我们不想在任何一件事上表态。"同样的情况对中国也适用。北京当然不喜欢突然袭击，而且俄罗斯的入侵与中国不干涉他国的原则（这官方层面上也是俄罗斯外交政策的原则）完全相悖。

虽然欧盟有办法能够使中国认识到，它如果在支持俄罗斯（沉默即意味着支持）的道路上走得太远，对于它自身的经济利益是不利的。中国最重要的计划之一是"一带一路"倡议，这是一个在中国和不少于66国之间为了加强互联互通在交通和通信基础设施方面的大规模投资计划。一方面有包括从俄罗斯和中亚到欧洲和中东的"新丝绸之路"的陆地上的"一带"，另一方面有穿过印度洋到达中东和非洲的海洋上的"一路"。2017年5月15日，中国通过在北京举办"一带一路"峰会的方式强调了其对该计划的重视。不少于40位国家元首和政府首脑参加了此次峰会。"一带一路"倡议是一项出类拔萃的地缘经济计划：通过投资，中国不只是在创造新的市场，也在获取很多政治影响力，而中国也会毫不犹豫地使用这种影响力。但通过投资，中国也获得了在"一带一路"倡议穿越地区的安全利益。这是欧盟可以加以利用来影响中国立场的方面。

沿着"新丝绸之路"的铁路正逐步投入运行。装满中国货物的列车到达汉堡和其他城市，而目前为止大多数都空载而归。从经济的角度看，虽然关于"一带一路"倡议如何能与欧盟理事会的"欧洲投资计划"对接的问题有很多讨论，具体的合作在实操中如何落地仍不清楚。对于欧洲而言，南海领土争端以不影响航行自由的方式解决是更为重要的。陆路永远不可能取代海路：欧洲对外贸易的大约90%依靠海洋运输。然而，欧盟可以展现其善意并和中国在"一带一路"倡议上进行合作。

尽管如此，事实上欧盟不能承受这么做的代价，因为"一带一路"的陆上路线经过俄罗斯。欧盟为什么要自愿地在这一计划中投资并使它自己相较现在（在能源领域）更依赖俄罗斯？鉴于欧盟和俄罗斯当前关系的状态，我们实在不能相信它——它的外交政策太过不可预测。这不只是欧盟的难题，也是中国的难题，如果它希望"一带一路"倡议成功。因为那些中国视之为"一带一路"西方终点的地区正是欧洲和中东，而俄罗斯正干预这些地区以建立势力范围。这导致了不稳定，而这对于中国的经济利益是有害的。举例而言，中国已经对乌克兰投入了很多关注，而且已是该国第三大贸易伙伴，但俄罗斯的入侵阻碍了中乌关系的进一步发展，特别是涉及投资的方面。这是欧洲外交必须让北京明白的讯息。"一带一路"倡议对于中国而言是一项首要计划，但对于欧洲并不如此。如果中国希望"一带一路"倡议获得成功并在实现这一目标上寻求与欧盟的合作，它就必须挺身而出，自己接触俄罗斯以限制普京的强势政策。

还有一些其他客观上可能导致中俄紧张的因素。首先，事实上，在资源非常丰富的俄罗斯的亚洲领土上生活的俄罗斯人很少，而在那里生活的中国人人数正在增加（一些有合法身份，很多是非法的）。这是一个可以被视为对俄罗斯地缘政治具有长期威胁的问题，但欧盟永远不会成为这种威胁。普京对于欧盟的忧虑关乎其政权生存，而非俄罗斯主权和领土完整。他不担心欧盟会侵略俄罗斯，而是担心有一天他自己的公民会在欧洲社会成功的感召下，仿效格鲁吉亚人和乌克兰人以及此前的波兰人、捷克人和匈牙利人，并推翻他的政权。中国在人口上的优势地位以及边界另一边（俄罗斯）这么多自然资源的诱惑是一个俄罗斯不能忽略的地缘政治事实，即便中国不怀有任何敌对的意图。同样，中国在普京视为保留地的中亚不断增加的存在只会引起莫斯科的恼怒。

一种根本的认识也增加了俄中关系的紧张，即现在两国之间的力量均衡已经被扭转了。苏联曾与中国交恶，中国最终厌烦了整齐划一地按照莫斯科同志的指令行事，但（在两国关系中）苏联显然是那个强者。现在中国的国内生产总值（GDP）几乎是俄罗斯的两倍。中国人经常生气地提及，尽管这样，俄罗斯仍然将他们当作小弟（次一等的伙伴）看。两大国之间暗流涌动的紧张中一个有趣的例子是，2017年5月俄罗斯如何突然间屏蔽了微信，这一中国版的Whatsapp（瓦次普）。通常中俄会屏蔽西方的社交媒体，但在这些案例中它们也在相互屏蔽。

然而，拉扯中俄关系的这些紧张因素不应被夸大，因为同样也存在助益两国合作的非常强的推动因素。生存在一个从它们的视角看来仍然是西方主导的世界秩序中，莫斯科和北京并不会轻易地让它们之间的关系中被打上一枚楔子。因为乌克兰危机，莫斯科事实上已经靠近了中国。2014年，在吞并克里米亚后仅几周，在拖延数年的谈判后，两国达成了俄罗斯向中国出口天然气的协议。俄罗斯希望向西方展示，它能够抵消制裁的影响，甚至它的能源出口也能找到替代性的市场。然而这不应被夸大：三年后，这份天然气协议仍未被实施，因为低迷的能源价格使之丧失了经济上的价值。面对俄罗斯的友善，中国展示出了自己相当的不情愿，特别是在俄罗斯的金融市场上。中国做了维系一个良好关系所需要做的事，但并没有做那么多。

因此这里对于欧洲外交而言有一个机会。欧盟不应该希望将中俄拆散，就像尼克松和基辛格在20世纪70年代所做的那样。迄今为止，两国的战略利益仍高度重合，不可拆散。但欧盟可能可以使中国明白太过偏向另一边并容忍俄罗斯的冒险行径，而不带来进一步的纷扰也并不符合中国的利益。此外，在"新丝绸之路"沿线国家，从中亚到乌克兰，欧盟和中国之间仍有合作的机会。在这些地方，布鲁塞尔和北京当然可以开展联合项目。在中国开始在从新疆（其最西的省份）到欧洲的所有国家占据经济和政治上的主导时，欧盟不需要等待"一带一路"倡议到达。我们可以主动地增加我们在这些地区的经济和政治存在。

多边场合

随着欧盟通过在任何可能的情况下灵活地开展合作，加强与诸大国的双边关系，它仍应该继续加强国际政治的多边维度——美国正从这一方面撤资。这是欧盟《全球战略》第五个优先事项。双边合作是起点。欧盟接下来可以与不同大国和其他国家一道，尝试和建立议题层面的联合，并通过在主导议题的规则上达成一致，甚至通过创建一个组织的方式来解决问题，进而巩固在某个议题上的合作。正如《全球战略》指出的，多边合作一个有用且有希望的领域是全球公域的通行自由：海洋、天空、外层空间和网络空间。减轻气候变化的影响，这一欧盟已经成为领导者的领域，仍将是多边倡议另一个优先议题。但接下来欧盟必须切实地着手落实这一倡议。合作的机会不会从天而降——机会是创造出来的。

其他的大国当然也能提出新的多边倡议。在2015年，中国发起了亚洲基础设施投资银行（AIIB）。这是一个多边银行，正如其名字所指示的，其旨在为亚洲的基础设施项目提供融资支持。美国（奥巴马总统时期）公开呼吁其盟友和伙伴不要加入该银行。为什么呢？如果各大国提出多边倡议而不是单边行动，欧盟会很高兴。通过加入该银行，欧洲国家得以共同引导该机构的活动。而且当然要做的只是生意而已。日本服从了美国的命令，但欧洲人（还有澳大利亚人）火急火燎地加入了亚投行。这家银行我们也能从中获利。（不这样做）的替代方案是非西方国家建立它们自己的制度，建立它们自己的规则，这将不可避免地陷入与现有国际组织的竞争性逻辑中。支持和塑造其他国家的多边倡议要聪明得多。多边合作会带来更多互动和国际体系更多的稳定性和可预测性。

这是欧盟必须持续在联合国安全理事会进行投入的原因。当然安理会的运作远非完美。当五个拥有否决权的常任理事国（美国、中国、俄罗斯、英国和法国）其中一个自身卷入一场冲突中时，它无能为力。而且在一个多极世界中，大国卷入争端，包括大国之间争端的可能性恰恰变得越来越高。但安理会仍是唯一具有几乎普遍代表性的核心组织。当它运转时，它能够采取措施维持和平与安全，正如《联合国宪章》所规定的。当英国脱欧生效时，欧盟仍能有常任理事国法国和10个非常任理事国（每两年选举一次）中的两三个作为其代表。鉴于其重要性，欧盟需要在安理会中发挥模范作用，也因为对于我们而言，多边主义既是一个原则问题，也是一个现实选择。为了向其他大国展示我们也可以通过这种方式捍卫自己的利益，我们必须照章办事。

联合国的成员国远不止西方国家。联合国主要的附加值是几乎所有的国家都是其成员。它囊括了实行非民主政治制度的国家，其中一些确实十分专制并时常侵犯人权。联合国是一个每个国家都可以畅所欲言的论坛。因此系统性地反对威权国家加入联合国某些机构是没有意义的，因为那与该组织的宗旨完全相悖。比如，2017年西方国家就沙特加入联合国争取妇女权利的委员会所进行的小题大做就是不正当的。利雅得自愿申请了这一席位。让其获得这一席位并运用这一委员会的工作程序反复质问其关于妇女权利政策的困难问题，而不是抵制其加入申请，要有效得多。正如"大赦国际"佛兰德区主任指出的，现在让它们在它们得到的席位上流流汗。类似地，当然有很多在安理会中的国家不尊重《联合国宪章》，但因为它们在那里，我们就可以对它们大吼。回避对话与有原则的实用主义相矛盾。如果不与之对话，就不可能对任何其他国家施加影响。

在大国间，在双边和多边舞台中，欧盟都有政治和经济实力来扮演一个大国。在一个充满诸多冲突潜在风险的世界中，我们必须使用我们的政治和经济工具来扮演一个稳定者的角色。这并不是说我们能够忽略我们的军事力量。现在到了该行动的时候了：如果欧盟想要实现其权势潜能，它必须较其迄今已做的表现得更为主动。

第四章
欧洲与其邻居

欧盟的东方邻居是欧洲国家，南方邻居是非欧洲国家。通常认为做这种划分多少有些政治不正确，所以《全球战略》并没有做这种划分。但如果政治正确让你看不到现实，那么它就变得适得其反了。这确实是因为一个区域在历史上、文化上和地理上属于欧洲的一部分，而另一区域不是，所以我们的东方边陲和南方边陲被完全不同的动态主导着。

"中间欧洲"

在欧洲大陆上离我们最近的大多数邻居中，其公共舆论中一个很重要的部分正好与欧盟对这些国家的期待相重合，那就是它们都希望构建一个像欧盟一样保障人人平等的社会。正如我们已经在第二章中看到的，这意味着现有的欧洲睦邻政策（周边政策）根据条件性法则能够运作。这适用于乌克兰、摩尔多瓦、格鲁吉亚，并在某个程度上适用于白俄罗斯。但并不那么适用于南高加索的另两个国家亚美尼亚和阿塞拜疆。这六个国家同欧盟一起构成了东方伙伴关系（EaP）。这些国家越靠近民主，它们就越能从欧盟获得更多援助。如果这些国家自主选择建立民主制度，那么欧盟必须帮助它们。民主化永远符合我们的利益，因为民主化创造了持久和平与稳定。唯一条件是这是它们自己的选择，并以它们自己的步伐推进。在这些国家推广我们的社会模式当然是正当的，但欧盟不应该试图人为加速变革的进程：欲速则不达。

这么做的原因是如果就民主改革达不成共识，成功的可能性是非常低的。因为变革意味着不稳定，这在刚开始的时候会给人们的生计带来负面影响，所以他们可能转而反对民主化。另一个原因是我们的东方边陲同时也是俄罗斯的西方边陲——它组成了两个大国之间的"中间欧洲"。正如我们已经看到的，俄罗斯将这一地区视为其排他的势力范围，因此积极地试图破坏欧盟的政策。欧盟不必接受这一点，但它必须努力避免其与相关国家的关系招致像乌克兰那样与俄罗斯的另一场冲突。那样到最后既不符合我们的利益，也不符合我们东方邻居自身的利益。

欧盟的目标未必是让"中间欧洲"的国家倒向布鲁塞尔而非莫斯科。我们的目标是保卫这些国家的主权：它们应该被允许完全自由地做出自己的战略选择，不受到任何一方的非法干涉。如果首先与俄罗斯结盟是它们的选择：没问题，顺其自然。坦率地说：欧盟不需要这些国家。但如果它们选择（也）与我们合作，我们则不能允许其他人横加干涉来阻止它们做出这个决定。当然不允许，如果这也意味着向民主的转型。

欧盟不要求排他性的关系。布鲁塞尔认为，一个国家可以同时与欧盟和俄罗斯建立紧密关系。鉴于当前俄罗斯与欧盟势不两立的态度，我们最好一次一小步地建立关系。不过，与已加入俄罗斯主导的多边区域计划"欧亚经济联盟"的各个国家（亚美尼亚、白俄罗斯、哈萨克斯坦、吉尔吉斯斯坦）订立重要的贸易协定已经是不可能了。目前只能与"欧亚经济联盟"这一整体订立一份协定。这是欧盟和俄罗斯政策如何相互排斥的一个例子。因此，各国被置于一个在大多数情况下都不想做出的选择面前。除非欧盟邻国自己主动希求与我们走近，否则欧盟应对这些政府加以回避，以免使它们被置于这样一种尴尬的境地，因为这只能导致欧盟内部的分裂和不稳定。

白俄罗斯可以作为例证。其总统亚历山大·卢卡申科（Aleksandr Lukashenko）以极其威权主义的方式统治这个国家，这招致了欧盟的制裁。虽然卢卡申科已开始逐步与俄罗斯保持一定的距离，但这个国家总体上仍和俄罗斯关系紧密，然而有时它也持一种令人吃惊的中间立场。原因之一是俄罗斯对乌克兰的侵略甚至让传统上支持俄罗斯的国家发生了动摇。它们并没有亲俄到自愿割让领土的地步。欧盟通过减少制裁（于2016年）非常聪明地利用了这一点。白俄罗斯可能在不久后的某个时间成为一个民主国家吗？可能不会。欧盟仍在批评该国的人权状况，但与此同时这也可以温和地鼓励白俄罗斯调整其道路。同样，这也为其他"东方伙伴关系"国家创造了掌握自己命运的机会。

必须指出的是，一些国家高兴地让欧盟与俄罗斯互相对抗，以让它们自己的利益最大化。如果我们尊重它们的主权，我们必须接受这一点。但是，一旦一个国家已选择与我们在某一领域进行合作，同时认可该合作的目标并接受相关条件，而且会以欧盟的方式实现这一目标，那么欧盟就应严格对待这一国家。这类国家必须要么遵守规则，要么接受援助被停止的事实：鱼和熊掌不可兼得。如果一个邻国已准备好在与我们的合作上大步推进，那么欧盟不能显得自己太过小气。2014—2020财年的《欧盟睦邻政策》预算使欧盟得以每年在每个国家花费2亿—3亿欧元。这在总数上相当不错，但想要发号施令这个数字还远远不够。要想抑制欧盟的影响力，其他国家很容易就能开出高价而让欧盟出局。

在给予愿与我们合作的国家以更多支持方面如果欧盟能够做好，

那么这些国家加入欧盟是指日可待的。巴尔干半岛上的所有国家最终都会加入欧盟（以及北约）——在这点上争议不大。地理上讲，这些国家不管怎么样已经被欧盟包围了。但不需要操之过急：如同在安全领域一样，它们如果在政治、经济领域还未准备好，就不考虑让它们加入，而准备工作仍将需要数年。同时，入盟候选国必须对自己的决定坚定不移并执行规则。申请成为欧盟成员国是它们的选择，然而一旦做出选择，它们不能再同时上演迎合俄罗斯的大戏。欧盟应该在更密切地观察和防止俄罗斯侵入未来成员国方面做好工作。除了巴尔干国家，如果挪威或瑞士申请入盟，在它们被接受之前将不需等待很久。

永远不要说"永远不"，但是给"中间欧洲"国家提供欧盟成员国资格大多数时候只是制造问题，这些问题并非跟俄罗斯相关。在经济和政治发展方面，不管怎样，这些国家落后欧盟太多，以至于没法很快追上来（即在未来数十年），欧盟已经犯了让某些东欧国家过快加入的错误，在这一错误中，欧盟的政治考量优先于入盟的正式标准，这带来了对联盟内部凝聚力的负面影响①。在南方邻国中唯一成为候选国的土耳其，也将完全放弃入盟——我们不久后将回到这一问题。

《全球战略》阐述说，我们东方的睦邻关系超越了我们的近邻及高加索地区，延伸到了中亚。但那里的动态完全不同于"东方伙伴关系"国家的状况。首先，正如其名称昭示的，中亚不在欧洲。欧洲在该地区五国（哈萨克斯坦、吉尔吉斯斯坦、乌兹别克斯坦、塔吉克斯坦和土库曼斯坦）的存在是有限的。这些国家中的大多数都是威权主义政权，拥有大量的能源资源，这使欧盟很难在这一地区施加很多影

---

① 在希腊和土耳其岛屿争端尚未解决之前，接纳塞浦路斯入盟也是一个战略错误。一旦塞浦路斯成为欧盟成员国，欧盟便失去了很多迫使塞浦路斯人接受一个体面妥协的杠杆。

响。欧洲可以与中国就穿过这一地区的"新丝绸之路"进行合作而有所作为。中亚因此（再次）成为"大博弈"的舞台，这次是在三个大国之间：中国、俄罗斯和欧盟①。在国内政治方面，对于那些想从外部在这一地区获得影响力的国家而言，这一地区的挑战与欧洲南部边陲的挑战更为相似。此处欧盟引入了一个新概念：复原力。

谁的复原力？

在我们南部非欧洲的边陲，睦邻政策必须重新开启。条件性（意即："变得像我，然后我会奖励你"）在过去已经失败，在未来也无法起效。并不是因为有了"阿拉伯之春"和随后而来的战争，我们南部邻国的人民就变成了更加自觉的政治行为体。他们并不是在等待某个外部势力到来，而后再由这些外部势力给他们解释应该如何组织他们自己的国家。特别是他们还经常因为这些外部势力所带来的不安甚至内战而对之加以指责，通常这些指责并非毫无道理。因此在《全球战略》中，欧盟小心地远离作为一项政策目标的民主化。但我们确信"复原力"这一《全球战略》提到次数最多的词汇是个好的替代选择吗？

复原力是一个防御性特点突出的概念。提升某人的复原力并不等同于解决其问题，因为问题仍然会不断出现。但一旦你拥有了复原力，你就获得了东山再起的手段，那么你就能坚持下去。也就是说：问题到此结束，它并不会影响到你。用更为经典的地缘政治术语来描述，我们会把一个有复原力的邻国称作缓冲国。这听起来就更平淡无奇了。祝贺你：你已被选为欧洲最新的缓冲国！这会吸引我们的邻

---

① "大博弈"用来指称英国和俄罗斯之间的地缘竞争。19世纪，双方都试图向中亚和阿富汗拓展它们的影响力。其中英国扩张的动力是为英属印度创造一个缓冲区。

国和我们合作吗，即使是伴随着一份蝇头小利？

不管怎样，我们到底在讨论谁的复原力呢？在一个民主国家或者一个向民主转型的国家，复原力可能意味着一些东西。一个国家可以试图通过巩固民主结构的方式使其能够抵抗内部和外部冲击（我们自己的民主制度也会从中受益）。但问题在于，即使是在一个民主国家，仅仅如此而为也并不诱人。没有一个欧盟政治家会以复原力为基础进行竞选。人们当然不会希望政府仅仅能够使他们具有解决问题的弹性——他们寄希望于政府能够防患于未然，并且能够解决问题。首先，我们南方的邻国大多数并不是民主国家。那么，欧盟应加强谁的复原力呢？政权的复原力吗？比如，欧盟确实不能更迭埃及的政权，但它也不应该支持这个政权。或是欧盟应该让埃及人在对抗他们自己的政府时更有复原力吗？这意味着什么或者欧盟应该如何做这件事仍不甚清楚。

其次，复原力对于不同的人意味着不同的东西。在发展领域，这一概念已使用很久。在这一领域，它最初指帮助当地社区有能力抵抗洪水、干旱以及其他自然现象的措施。欧盟委员会在这一意义上使用这一术语已经很长时间了。但在安全领域里，人们大多数时候将复原力与保护自己免于外部入侵的措施联系起来：边界控制、监视、情报等——事实上这些并不是我们想在威权主义国家促进的东西。在像埃及那样的国家，人民已处于足够的监视之下。《全球战略》在这方面并不能帮上忙，因为正如我们看到的，它包括了对于复原力自身很多不同的定义。

这一概念的模糊性引起了某种程度的困惑，以至于在2017年，欧洲对外行动服务总司（人们可能称之为欧盟的外交部）在其内部的建议中指出，民主社会是唯一真正有复原力的社会。这很可能是对的，但睦邻政策的操作原则转向复原力的意义恰恰是这样的：在欧洲之外，民主化被证明几乎不可能。所以我们回到了起点——有证据表

第四章 欧洲与其邻居

明复原力不是政策的好基础。顺便说一下,自从《全球战略》出版以及有关复原力的辩论开启之后,欧洲的补贴便持续流出,包括流向像埃及这样的威权主义国家。仅仅在旧政策的基础上,我们是否已经到了应该对之进行更全面的重估的时候了?

正如在第二章中解释过的,平等概念作为我们睦邻政策和整体外交政策的基础,有更大的潜力。第一,这是一个积极的概念,比起防御性的复原力有更大的激励力量。第二,这是一个多维度的概念,使欧盟得以和所有邻国一起探索在哪些领域(安全、政治、经济)双方的利益是重合的、合作是可能的,而不是强迫一个国家去承担义务或者假装承担义务,以在一个它不情愿的领域采取措施(诸如民主化)。以这种方式,欧盟能够与每个政权建立建设性的关系,而不是将改变政治制度摆上台面,从一开始就将其视为敌人。与此同时,欧盟必须持续批判性地评估每个国家的人权状况,并确保自己不会因为开展合作而成为侵犯人权的帮凶,这仍是绝对的红线。

很多我们的邻国不是民主国家,但很多也不是最高压的国家。在很多案例中,有通向更大开放度的积极改变——想一想约旦和摩洛哥。在这一背景下,坚持民主化并试图为特定改革设置截止期限意义并不大,这正如欧盟在其睦邻政策下所做的一样。让那些国家以自己的步伐走它们已经选择的路要明智得多,毕竟这样可以确保它们能够以和平和不威胁其国内稳定的方式前行。事实上,这一地区已经有太多的危机了。欧盟应该感到满意,至少一些国家仍然保持稳定。在这些国家内争取平等恰恰将有助于这种稳定。

当我们和广大的南方邻国(根据《全球战略》远达中部非洲,而且在事实上也包括海湾地区)合作时,我们有时会觉得不舒服。沙特阿拉伯是一个恰当的例子。有原则的实用主义意味着欧盟必须接受这一点,即它不能改变沙特阿拉伯国内的政治制度。它可以,当然也必须就侵犯人权审问沙特人,包括公开的审问,比如在日内瓦的联合国人权理事会。这可能在减少过度行为方面有所帮助，因为即使是威权主义政权对其形象也很敏感。但给所有关于沙特人权政策上的合作附加条件并没有意义，因为这不会产生任何效果。我们要持续与像沙特这样的国家开展政治、经济甚至是安全合作，只要欧盟并未卷入这一政权无论是在国内还是在国外犯下的侵犯人权罪中。只有在最为臭名昭著的案例中（设想那些"保护的责任"必须生效的情形：反人道罪、战争罪、种族屠杀和种族清洗），合作才必须暂停。

即使在土耳其这一入盟的正式候选国，我们对其国内政治的影响最终仍然非常有限。加入欧盟的前景以及其他原因使这个国家已经获得了巨大的进步。土耳其军方在政治中的作用被显著地削弱了。不幸的是，雷杰普·埃尔多安总统正利用他的大众支持来再次限制开放和民主。他循着指向威权主义的道路前行已有一段时间。但埃尔多安连续赢得了选举和公投（虽然在一个越来越不自由的氛围中），而且确实受到大众欢迎。如果欧盟试图干预其国内政治，比如通过威胁施加经济制裁，那很有可能事与愿违。这只会刺激埃尔多安的支持者进而巩固埃尔多安的地位。

最后，欧盟通过在2016年与土耳其达成协议以限制涌入欧盟的难民潮，使自身处于一个依赖地位。考虑到在欧洲接纳更多难民缺乏公众支持，而大多数政治家选择了跟从而非引领公共舆论的简单的出路，欧盟这一处境也是难以避免的。这个协定当然不会获得任何赞誉，而且它使埃尔多安能够轻而易举地通过威胁重开大门的手段来向欧盟施压。欧盟能够也必须发声反对土耳其对其国内公民基本自由的限制，但这不能扭转其国内政治的进程——只有土耳其人能这么做。

但土耳其入盟的前景现在真的是不复存在了。无论是支持还是反对，事实上我们数年前就已知道，欧盟将永远不能达成所有现有成员国所需的一致——只是没人愿意直白地讲出这一事实。自从2016年7月的土耳其政变以及埃尔多安对政变作出回应之后，实际上布鲁塞尔就已经没有人再指望土耳其入盟了。这当然也削弱了欧洲对于土耳其的影响。事实上，欧盟已经开始将土耳其视为一个缓冲国。对于这一想法，安卡拉的表示是：我们可以接受，但我们想要得到相应的奖励，关于这一点埃尔多安是无可厚非的。因此在难民协议的框架中，欧盟将于2018年年底之前向土耳其提供总计60亿欧元的补贴。但作为协议的一部分，土耳其的入盟进程将被加速的说法只是鬼话。土耳其不能同时既是缓冲国，又是欧盟成员国——它更可能是前者。

这可能听起来与直觉相悖，但有原则的实用主义是一个比欧盟此前政策更为诚实的路径。不再假装我们会让我们的邻国民主化，这种做法不是更少些虚伪吗？毕竟我们不再有这么做的能力了。在欧洲以外，已证明了从外部植入民主是不可能的。这不等同于放弃我们的价值观——其实，这意味着我们开始以更实用的态度对之加以应用。强调人权的普遍性仍是我们的责任，如有必要，可以点名羞辱某些国家政权，以便限制其过分的侵犯行为。同时，通过在任何可能的地方开展合作，在平等的旗号下，我们确实可以对我们邻国公民的日常生活施加影响。这种影响要比对民主化的宣教大得多。民主化是我们自己很久以前就已经放弃的信念——而我们的行动早在我们的言辞发生改变之前就已清晰明了地呈现了这一点。

南方的盟友

但像安卡拉和利雅得政权那样的对外政策又是另一个问题。当邻国通过它们鲁莽或富有侵略性的对外政策破坏地区稳定或威胁我们的重大利益时，欧盟必须行动。欧盟之所以可以在这样的情势下行动是因为，这些国家的对外政策与它们的国内政治制度相悖，因此我们可以寄希望于通过使用政治、经济以及军事手段来加以改变。

同时，这一方面，现实政治也是当今的规则。像很多欧洲人那样大喊我们应该停止向沙特阿拉伯出口武器是容易的，就像当沙特被接纳为联合国妇女权利委员会成员时激起义愤那样容易。但并不符合逻辑的是，沙特和欧洲都作为反"伊斯兰国"联盟的成员加入同一军事行动中。另外，如果我们不再卖武器给利雅得，或即便我们停止了所有与其的经济关系，那又会带来什么呢？人权状况可能仍旧是老样子，因为这个王国并不会因为外部压力而调整其国内政策。我们可能可以用这种方式安慰我们的良心，但一旦与沙特的关系真的破裂了，还会有任何一个政坛人物依然在意这个国家的人权吗？或者这只不过就是摆摆样子？批评沙特通常是回避自我批评的简单方式。不管欧洲的争论如何，2017年5月特朗普通过宣布一项不少于1100亿美元的军火销售来为其对沙特的首访收官。

将欧洲的（理想的话还有美国的）武器出口与该国对外政策相联结可能更为实际且有效。2015年以来，沙特及其盟友在也门正进行一场战争，它支持哈迪总统对抗胡塞民兵武装和前总统萨利赫。后者反过来得到了伊朗的支持，而该国对沙特而言是地区主导权的竞争者。这里的军事行动以甚少考虑民众的方式进行。另外，就像土耳其一样，沙特早先是"伊斯兰国"的支持者，它们将其视为阿萨德政权最为有力的对手，直至在少许美国压力的帮助下，它们意识到，就像弗兰肯斯坦博士一样，它们创造了一个它们无法控制的怪物。但即便在打击"伊斯兰国"的联盟行动开始后，土耳其仍然持续从"伊斯兰国"控制领土进口石油。事实上，土耳其已经在不考虑其北约盟友的情况下推行其中东政策很多年了。在叙利亚和伊拉克的战事中，美国和欧洲武装下的一些库尔德团体遭到了土耳其的轰炸。一直以来，北约盟友已经在土耳其部署了"爱国者"导弹以协助其加强防务。

像沙特和土耳其这样的"盟友"的对外政策相较它们的国内政策较少成为公共辩论的话题。当它感到被欧洲人或美国人欺负时，土耳其自己总是第一个启动北约条约第四条条款。这一条款允许一个盟国当其感受到对其领土完整、政治独立或安全的威胁时，要求（集体）磋商。游戏得两个人才能玩儿：为什么土耳其的欧洲盟友不启动一次第四条并要求土耳其对以下问题做出解释，即土耳其对其中东政策对联盟安全的贡献到底是怎么想的？只是给埃尔多安一个暗示，让他明白欧洲对外政策也有他最好不要逾越的红线。

欧洲的利益遭到了像沙特和土耳其等一些国家对外政策的直接威胁。因此在这一领域，欧盟可以通过威胁停止与其军事合作和武器出口而向它们施加压力。当然欧盟最好事先能与美国磋商，当然如有必要也可单独行动。不仅仅是武器出口，整个贸易关系也可以以一种更有重点和有效的方式加以使用。举例而言，土耳其出口的44%流向欧盟。埃尔多安可能会与普京眉来眼去，但俄罗斯无论如何都不可能很快取代欧盟在土耳其经济中的地位。这种经济依赖为我们提供了迫使土耳其不偏离北约和欧盟外交和安全政策太远的手段。替代方案是北约中的欧洲盟友将不再视土耳其为真正的盟友，而只把它当成一个名义上的北约成员。

欧洲干预

在试图扭转沙特、土耳其以及该地区其他所谓真伙伴的外交和安全政策之前，欧盟必须定义其自身的政策。但在安全领域，欧盟缺乏清晰的政策。欧盟太过经常地为它的南方边陲拟定宏大的规划，而这些规划却在安全问题出现的地方被终结。没人能在一个战火纷飞的国家中创造平等抑或是复原力这种说法纯属胡说八道。这种态度对欧盟作为一个战略行为体的可信度是致命的。正如我们如此多的南方邻国卷入了一场或数场战争，它们根本不可能认真对待任何一个假装对这一地区有愿景却忽视这些战争的行为体。

即便如此，欧盟及其成员国已积极卷入了处理其南部边陲安全问题的各种干预行动中，这当然并非完全是负面的。

对于南方，欧洲安全政策最为成功的案例可能就是对马里的投入。2013年1月，在一些盟友的支持下，法国发起了"薮猫行动"，（向马里）部署了5000名士兵。这支部队用迅猛的战斗行动阻止了图阿雷格人①和"圣战"分子组成的民兵武装想要轻松夺取马里首都巴马科的进程。在以重拳出击的战斗阶段之后，又有3000名士兵被长期派驻萨赫勒地区用以反恐，其中有三分之一的人员被部署在马里。这一行动被称为"新月形沙丘行动"。随后，欧盟军事任务团和民事任务团也被派来。军事任务团称作"欧盟军事训练部队"（EUTM）。600名欧洲士兵将对马里军队进行训练，以使其能在适当的时候独立保障他们国家的安全。民事任务团称作"欧盟萨赫勒—马里能力建设行动"（EUCAP Sahel Mali），负责训练当地警察和宪兵。联合国也在马里部署了人员："联合国马里多层面综合稳定团"（Operation MINUSMA）由超过15000名军人和警察组成，主要部署在马里北部。法国军队持续扮演着国际力量中流砥柱的角色。

这些军事部署只是整合或全面（欧盟和北约内部分别这么称呼）路径的一个方面。这一路径见证了欧盟在政治和经济两方面试图恢复马里国家稳定的努力，特别是迫使巴马科政府看到北部经常受到歧视的图阿雷格人的需要。另外，欧盟正在铺开其针对萨赫勒地区的区域战略，并向尼日尔派遣了一支民事任务团以援助其警察力量：即"欧盟萨赫勒—尼日尔能力建设行动"。马里的问题远未解决，但多亏了国际干预，这些问题目前尚能得到遏制；其向周边国家溢出的风险得到了限制。但外国军队在马里的存在似乎在未来很长一段时间都

---

① 图阿雷格人（Tuareg）是一个半游牧的伊斯兰民族，分布在尼日尔、马里、阿尔及利亚和利比亚等地。

是必要的。在真正的持久和平和稳定得以建立之前，欧盟和其他国际行为体将不得不持续地对之提供经济和财政支持（并向政府施压）。

马里局势的升级确实是此前在2011年对利比亚进行国际干预的直接后果，没有那次干预，我们很可能不必对马里进行目前的干预。当卡扎菲试图通过武力避免发生在突尼斯和埃及的革命在他自己的国家重演时，为了保护利比亚人民免受卡扎菲军队的镇压，英法两国坚持进行军事行动。起初美国反对这个主意，所以欧洲人首次劝说美国人相信军事行动是必要的。在安理会授权下（这是第一份基于保护的责任的决议），空中打击开始了，但这一行动是在北约的指挥下，它也自然是美国的命令。起初，在摧毁了利比亚的防空系统之后，北约就开始非常谨慎地选择空中打击目标，这便使之不可避免地变成了最终赢得内战的反对派的空中力量。卡扎菲在逃亡过程中被截住并被反对派处决。

很多在卡扎菲军中服役的雇佣兵带着他们的武器装备逃离了这个国家，他们增强了在马里和其他地方的多支民兵武装，并最终导致了现在我们都知道的这场危机。但是没有被预见到的是，是否干预利比亚的考量本来是基于这样一种评估：即，鉴于阿拉伯联盟主动提出了干预请求且卡扎菲怪异的性格意味着他不会有真正的盟友，因此溢出至其他国家的风险十分有限。但之所以还是对利比亚进行了干预是因为，在突尼斯和埃及发生了"阿拉伯之春"运动后，西方的反应极其犹豫不决；而干预利比亚则可以证明西方这一次毕竟是站在"善的一方"。在上述两个国家，西方只是在本·阿里和穆巴拉克已彻底失势，地位完全无法挽回之时，才表达了对反对派的支持。

唉，利比亚仍然是一个深陷危机的国家。国家内部过于分裂，反对派不能成功地巩固一个新的政治制度，不久以后这个国家便分裂为相互对立的武装力量控制的各块领土。利比亚很快有了跟我复杂的祖国比利时差不多一样多的政府，唯一不同的是布鲁塞尔没被部署武装民兵。大多数利比亚武装都赞同的一点是，没有西方地面部队在场。西方也很高兴能够完全避免这种情况，但它也确实没有坚持在经济和政治上重建这个国家。问题是单纯的军事干预并不能产生任何持续的影响，因为它不是一个整合了政治、经济和安全等多个侧面的深具广度的战略。尽管自然资源丰富，但利比亚已退回到了起点。

不仅仅是在马里，对利比亚的干预也给地中海地区带来了另一场干预。由于利比亚国内的混乱，它那曾经在卡扎菲统治下被严格控制的边界门户大开。结果是巨大的人流，包括来自全非洲的战争难民和移民，这些人想碰碰运气，试图穿过地中海从利比亚到达欧洲。碰碰运气只是好听些的说法，因为事实是数千人葬身大海而不是找到了他们的应许之地。利比亚的数个"政府当局"并没有什么兴趣试图控制这一局势，因为贩卖人口已经成了大买卖，甚至到了出现定期奴隶市场的程度。首先是意大利，其次是欧盟发起了一项海军行动。自 2015 年以来，欧洲海军发起"索菲亚行动"，在中地中海持续巡航。然而他们能做的只是尽可能地多救人，使其免于溺毙。他们无法从一开始就阻止那些人横渡，也不能终结人口贩子的活动，因为这要求他们最起码能在利比亚领海甚至有可能在利比亚海岸开展行动。但由于安理会并不能提供这样一道授权（因为中国和俄罗斯不愿意）且利比亚自身也不愿意提供许可，欧洲船只只能待在公海，而戏剧性的情景继续发生着。

利比亚只是欧盟数年来一直面对的难民和移民危机的一部分。叙利亚内战也导致了巨大的战争难民潮（见第二章）。由于欧洲各国当局无法应对，加之通向欧盟的大门已被撬开，因此越来越多来自更远地方（从中亚到阿富汗）的人试图通过土耳其到达欧洲。最后，如上所述，欧盟通过与土耳其达成协议关闭了这一路线。2016 年以来，在北约的指挥下，在爱琴海也部署了一项海军行动。

在某种程度上，叙利亚战争也是我们干预利比亚的后果。有一点很重要,那就是叙利亚反对派认为,如有必要,我们也会在军事上支持他们。但我们并没有这样做,这是因为我们对此问题的评估是,由于阿萨德总统得到了俄罗斯和伊朗的支持,因此西方的干预将自动带来国际层面上风险的升级。但尽管如此,随着"伊斯兰国"将叙利亚和伊拉克合成了一个战区,升级仍然发生了。这本不应该是我们的战争,因为如果"伊斯兰国"的步伐不能像现在这样得到遏止,面临土崩瓦解风险的并不是任何一个欧洲国家,而是数个中东国家。但正如我们看到的,我们在这一地区的盟友在对抗叙利亚和伊朗的代理人战争框架下,起初是支持"伊斯兰国"的。因此奥巴马可能别无选择,只能在2014年9月组建了打击"伊斯兰国"国际联盟,以迫使域内国家面对现实。另外,"伊斯兰国"吸引了数千名来自欧洲的"外籍战士",以至于在某种程度上欧洲也成为问题的一部分。俄罗斯也进行了干预,但是它是为了支持其盟友阿萨德,伊朗也是如此。现如今伊朗在叙利亚和伊拉克的地界上都有了自己的力量存在。

除了上述纠缠不清的混乱局面之外,为自己的纲领而战的不同地方团体,包括多支库尔德力量的存在,都在叙利亚和伊拉克造就了一场极其复杂的战争。唯一将所有内部和外部行为体多少联结起来的东西只是它们摧毁"伊斯兰国"的共同目标,但共识仅限于此。阿拉伯联盟、联合国,以及(2017年)俄罗斯、土耳其和伊朗接连试图达成一份协商一致的解决方案,但所有努力几无进展。由总共68个国家组成的一个国际联盟也只能将其使命定义为彻底击败"伊斯兰国"。为了实现这一目标,在其他欧盟成员国提供的后勤及军事支援之外,联盟中的欧洲国家比利时、丹麦、法国、荷兰和英国都已派出战机参加了对"伊斯兰国"的轰炸。很多欧洲国家也已经部署了地面特种部队以训练当地军队。摧毁"伊斯兰国"当然是一个正当的目标——没人能和"伊斯兰国"谈判,因为它存在的唯一理由是发动战争以铲除中东各国间的边界并建立一个哈里发国。但这个国际联盟的整体政治战略是什么呢？

不管是该联盟还是欧盟抑或是任何一个欧盟成员国，目前都没有对其最终的政治目标做出明确表态。它们没有阐明那些从"伊斯兰国"手中夺回的领土该转交给谁进行管辖。在什么是对叙利亚、伊拉克以及这个地区整体最好的政治最终状态上，欧洲人也没有想法。欧洲各国政府持续在两种想法之间摇摆不定。一边是感觉阿萨德杀了太多的人以至于他不应继续掌权，另一边是意识到与阿萨德达成协议可能是结束战争唯一现实的前景。在如何结束伊朗和沙特之间的代理人战争以及在更大的区域内恢复和平与稳定的问题上，它们显然没有任何具体的想法。结果是在有关这一冲突的国际谈判中欧盟仍然几乎是透明的。国际联盟是必需的，其中欧洲的参与也是必要的，但在打击行动开始数年后，渴欲的政治最终状态仍然未得到定义，这正是欧盟和美国战略无能的例证。

安全保证

欧盟及其成员国总是积极地参与到旨在控制我们南部边陲安全局势的各种干预活动中。然而，即使几年前"阿拉伯之春"就证明现有的睦邻政策已经破产，同时证明任何新的视角必须包括一个更为明确的安全维度以对政治和经济维度有所补充，但时至今日，我们仍未形成统领全局的战略观。

因此，欧盟作为一个机构并不能系统性地负责南部的安全。在我们不稳定的边陲每一次发生危机之时，是由一个成员国或一群成员国主动回应，而很少是由欧盟出面行动。但无论如何，最终欧盟总要介入，因为只有欧盟才有办法，紧随军事干预之后精心设计一个长期政治和经济路径，否则后者（军事干预）将不能产生任何持久效果。如果这一转型失败，正如在利比亚发生的那样，这个国家将不可避免地陷入混乱。但有时，决定实施军事行动看似比制定一个全面战略要容易。军事干预表明有人在做事。一旦军事行动结束，干预者就会觉得做得已经足够，并将注意力转移到下一个问题。

欧盟正争取将其新概念——复原力——付诸实施，但无论如何这对于回应我们边陲的安全挑战而言是不够的。在我们的很多邻国中，人们正为生存而奋斗：比如在伊拉克、利比亚、马里、叙利亚和乌克兰。那里的行为体并不需要如何变得更有复原力的建议。它们要求切实有形的支持：资金、设备、武器、教官和作战部队。这并不意味着欧盟应该满足它们所有的要求。但问题已经摆在台面上了。假装视而不见将是不明智的，因为那样我们将冒着被邻国看作无关的局外人的风险。我们不需要我们的邻国尊重我们，但我们也不能承受它们将目光从我们身上移开。在欧洲边陲已有太多的利益正处在危险中，以至于我们不能再冒险失去在那里的影响力了。

通过彻底思考平等和主权这一双概念对于欧洲战略意味着什么，可能能找到一个解决方案。欧盟能够与任何国家在平等的一个或更多维度上开展合作，只要这不会产生新的不平等并且不会使欧盟成为侵犯人权的帮凶。而邻国可以完全自主地决定，它们是否对于这种合作感兴趣。但推广主权也意味着，如果因与欧盟合作而导致一国陷入困境并发现自己的主权面临威胁，我们就有义务帮助它捍卫它的主权。一方面，这是一个道德问题：如果鼓励一个国家走上某一条道路，而当这条路将其带入暴风雨时就不能袖手旁观。另一方面，维护我们战略的可信度显然是符合我们的利益的。如果我们几乎没有做什么抵抗就放弃了每一个伙伴，那么还会有谁愿意和欧盟合作呢？

换言之：欧盟应该给与自己有着最密切合作关系的邻国以安全保证吗？这是一个我们从未问过的问题，因为我们如此没有安全感，以至于我们自己还向美国寻求安全保证。但在变化的战略背景下，这个问题确实被列在了我们的议题上。在未来，美国将更不愿介入欧洲的边陲，因为它新的注意力在中国和亚洲。华盛顿正期望欧洲承担起维护自己后院稳定的责任。在美国看来，马里是最为理想的情况：欧洲人带头处理危机，部署他们自己的工具，并成功地控制了问题，而美国只需要提供一些特定的支持。

显然我们的意图不是保证所有邻近政权的安全。推翻威权政权并不取决于欧盟，而取决于它们自己的人民，但我们也不应该支持这些政权。对于那些实行民主制度，或正向这个方向演变，抑或与我们在平等的各个维度都有紧密合作的邻国，当它们不能独立捍卫自己的主权时，也不能依靠我们的支持吗？这显然不是一个容易回答的问题。如果欧盟想要对某些国家反应积极，那么首先它需要能使自身在必要时可以快速介入的军事能力，包括指挥结构。最重要的是，它需要有展开行动的政治意志：本来提供了安全保证，却又在危急关头收回的做法将永远让人丧失信任。然而，如果欧盟消极应对并不愿支持某些国家，这些国家就会转投他处，因为没有支持它们无法继续坚持下去。我们可能会不大喜欢它们转而求助的对象：比如伊朗、莫斯科、沙特或者土耳其。如果欧盟不想在安全领域将自己定位为一个可信且严肃的行为体，它可能会将自己锁在自己的后院之外，让那些我们不想看到它们在此获得影响的行为体得利。

突尼斯的境况可以用来阐释安全保证这一问题。布鲁塞尔的官员喜欢提起突尼斯，这一"阿拉伯之春"中涌现出的唯一一个美好的故事。这个第一场革命发生的国家最后成了唯一一个有望走向持久民主制度的国家。这仍然是一个脆弱的故事。不少于六七千突尼斯人已作为"外籍战士"加入了"伊斯兰国"和其他武装组织。如果这些人中的一大部分抱着推翻政府的意图回国，突尼斯将面临非常严峻的威胁。假如，一个民选的突尼斯政府在这样一种情况下请求欧洲提供军事支持，欧盟应该回应这一请求吗？提供支持不仅仅意味着提供设备，或提供教官和武器（而且当然不会像乌克兰一样，派笔者过去做一个关于欧洲防务的讲座），而是派出作战部队加入突尼斯军队恢复秩序的战斗中。

我已经向欧洲外交官和军方数次提出了这个问题，而且经常得到非常相似的回答：欧盟本身可能很难达成共识，但法国可能在这样一种情况下采取行动。在我假设的情境中，可能会有一个解决方案，但不可能成为一种制度。像突尼斯这样一个邻国的稳定显然是作为一个整体的欧盟的重要利益。举另一个例子，当利比亚发生混乱时，随之而来的难民危机以及反过来在欧盟内部造成的紧张对所有成员国都产生了影响。因此应该由欧盟本身来进行威胁评估并在需要的时候发起共同行动。让法国干辛苦活，正如在马里已经发生的那样，几乎没有展现出什么团结一致，从长远上看也不是一个可行的选项。法国已不再有能力完全依靠自身实力来实现其相当宏大的军事抱负。另外，打着欧盟旗号的行动相较单个成员国的行动会给人留下不同的印象，如果那个国家碰巧曾是一个殖民国家，情况就更糟。如果欧盟从一开始就主导行动，将军事行动整合进一个全面的政治、经济和安全战略中，那么问题解决起来就不会那么复杂。因此，就欧盟作为维护我们边陲安全的行为体如何行动这一主题，精心设计一个欧洲共同观点确实符合我们的利益。

叙利亚和伊拉克战争是可能需要欧洲军事支持的另一个例子，也是更为现实的一个。一旦"伊斯兰国"占据的领土被全部收复，这场战争很可能会逐渐开始走向结束。在击败"伊斯兰国"的行动中，国际联盟将实现其表面上的目标（虽然"伊斯兰国"仍将作为一种思想而存在，我们可能将见证欧洲更多的恐怖袭击，但"伊斯兰国"最终将像它的前辈"基地"组织一样逐渐消失）。其他外部行为体，俄罗斯和伊朗在2016年就几乎已经实现了它们的战争目的：对于莫斯科而言是在叙利亚的持久影响力，对于德黑兰而言则是在叙利亚和伊拉克的持续影响力。因此它们对于巩固它们的收益而不是继续战争更感兴趣。失去了外部军事支持，巴格达和大马士革政府或是众多武装团体都不能持续战斗很久。没有哪一方会被彻底击败，也没有哪一方能赢得战争，所以我们最终将收获一个僵局和一个非常脆弱的和平。在叙利亚和伊拉克政府之后，多支团体将对特定领土实行有效控制。为了保证它们的自治，它们将会寻求盟友和军事支持。

欧洲也不得不仔细地思考这一点：这其中的一些团体是否值得我们的支持，如果只是政治上的支持，并很可能伴随着财政和经济支持？如果它们的生存再次受到威胁，那么向它们提供装备和武器，甚至动用空中力量和地面特种部队支援它们是否符合我们的利益？或者反过来，在打击"伊斯兰国"的行动结束后，我们是否应当尽快撤出我们的军队？

叙利亚和伊拉克是一个极其复杂的难题。无视这场争论并不会让这个难题消失。最终一个通过联合国主导的谈判在外交上加以解决的方案是必要的，在这其中欧盟必须扮演一个积极的角色。但在它介入前，欧盟必须自己决定其在这两个国家未来政治秩序这一问题上持什么观点。首先，它将不得不承认，至少在第一阶段，阿萨德将仍然作为总统掌权，俄罗斯的军事干预已使这一点不可避免。一个非常具体的问题是欧盟是否应该支持不同的库尔德实体在现有的国家结构中获取或保有广泛的自治权。与土耳其发生冲突的可能性是显然的。那么那些被所谓温和反对派控制的叙利亚领土又该如何呢？某种形式的自治在这里可能是必需的，特别是在转型期，因为没人能想象这些地区将简简单单地回到阿萨德政府的控制下，后者每天仍持续侵犯人权。如果欧盟宣布了对某一实体的政治支持，为了向其他势力表明欧盟的立场不可忽视，安全支持很可能不得不紧随其后。

如果欧盟允许真空的存在，那么利比亚是将会发生什么的一个例证。2017年以来，争夺权力的反对派中的一支——哈利法·哈夫塔尔将军（General Khalifa Haftar）——得到了俄罗斯的支持。利比亚战争也是一个没有任何明显解法、非常复杂的问题。我们不得不承认，在国际政治中有时候并没有完全令人满意的答案，必须从各有利弊的选项中做出选择。在利比亚的地面军事干预将毫无疑问地带来阿富汗情景的重演，西方军队将陷入泥淖。但在利比亚问题上介入力度不够将给俄罗斯在此获得一个桥头堡的机会。这将只能让内战的最终解决更为复杂，因此完全不符合我们的利益。欧盟可以自己武装利比亚的全国团结政府（national unity government），但这将导致战争烈度上升，战争很容易持续数年。在对利比亚施加压力以使之保持稳定并最终使其能够在无外部干涉下自己做决定方面，我们还有其他的选项吗？

我们已经不再习惯提出这类问题了，特别是作为欧盟整体。但这些问题最终会浮上台面，不管我们喜欢不喜欢。因此，最好从我们的价值观和利益出发开始思考这些问题。在我们边陲的安全上我们应该扮演何种角色，这一具体问题是事关欧盟军事抱负这一更为广泛争论的一部分，现在我们将转向这一讨论。

第五章
欧洲、军事力量及北约

　　举凡强者，皆具军力。欧盟若想有能力捍卫自身利益，其军事实力不可或缺。然而时至今日，欧盟依然常被看作一个独特的行为体，一个无须施加武力即可发挥作用的"民事力量"。这纯粹是荒谬的说法。无论是欧盟抑或是其前身欧洲经济共同体，都并非"民事力量"。鉴于欧盟（欧共体）成员国基本上同时也是北约的成员，欧盟本身怎么可能是民事力量呢？欧洲人从未宣布放弃使用武力，他们只不过在冷战时期将自身的军事力量与北约、美国捆绑；而其经济和政治力量则由欧共体来代表。冷战结束之后，欧盟开始将三个方面的权力重新统一到同一屋檐下。这是一种合理的重组，毕竟在一个多极世界里，欧洲不能总是指望美国。不过，这些举动尚未改变欧洲的本质特征。

　　拥有武装力量本身并不应受道德谴责。或许恰恰相反：那些自己没有军队、在必要时全靠别国军队保护，甚至干脆放弃自身主权的国家，才值得谴责。对于本国的公民或盟友而言，这两种选择从道义角度看都难辞其咎。缺乏武装力量进而只能牺牲自己选择权的行为体，在某些唯有依靠军事行动才能解决问题的情况下，相当于提前放弃了行动的能力。这就等同于说，在这些情况下直接让百姓自生自灭，把

第五章 欧洲、军事力量及北约

欧洲公民在内的人们置于危险之中。这种所谓的和平主义明显与我们的价值观相违背。

当然，人们可以针对为何以及如何动用武装力量而做出价值评判。不过这仍然是一个非常敏感的问题，而且其敏感度本该如此，因为使用武力是一个国家或是欧盟能够动用的终极手段，必须相当审慎。但就此主题的辩论一定要客观地进行。通常我坐在那里听着一场又一场的辩论，一些人批评欧洲人干涉利比亚，然而又是同一批人批评欧洲不干涉叙利亚。与此类似，那些赞同"保护的责任"，并赞成联合国授权下保护平民的军事行动的人，往往却在国内政治辩论中反对对军事力量的投入。那么按照他们的观点，谁来执行"保护的责任"呢？难道是同样穿着制服的邮递员和列车长吗？

军事原则：途径

如果要部署武装力量，那么必须极度谨慎。

在欧洲参与的大多数干预行动中，除非自卫，否则基本不使用暴力手段。军事力量可以被用于"威慑"，例如，在我们自己的领土上，北约预先部署在波罗的海国家和波兰的军队。军事力量也可经由所有相关方同意之后进行部署。这样做可以是为了防止纠纷上升至暴力冲突而预先为之，抑或是为了保障冲突解决后的和平不被破坏。

由联合国蓝盔部队或其他力量执行的经典维和行动，如今通常被称为"维稳行动"。欧洲越来越多地将其军队（或警察等其他公务人员）派往伙伴国家，帮助训练当地军队（或当地的其他行为体），并为它们提供建议。用欧盟术语加以表述，上述行为叫作"安全和发展能力建设"。在这一过程中，欧洲的军事人员可能需要随同伙伴国军队走上战场实施军事行动，但欧洲本身并不派出战斗部队；此外，欧洲还会参与多种形式的军事外交与合作，比如海军军舰进行港口访问，互派专家交流，共同演习，甚至共同巡逻。最后，欧洲军队的后勤部门还常常被派去支援人道主义援助和救灾行动。

然而，在某些特定情境下，只有依靠武力才能迫使其他行为体停止使用武力——这就是所谓的"执行和平行动"或"危机管理"。当然，动用武力以保卫我们的领土也是必要的，这就是我们狭义上所指称的"防卫"。有时也需要采取战斗行动，以便为其他类型的军事和民事行动部署创造条件。

热衷于从事安全和发展能力建设的欧盟官员们恐怕忘了，在马里，要不是法国战斗部队先稳住了局势，哪会有留下来接受欧盟训练的马里军队存在啊。即使安全和发展能力建设是有用的，欧盟也不能总是指望训练别人来帮助欧盟解决所有问题。

正如在之前章节中提到的那样，只有融入一个全面、统一的政治、经济和安全战略中去，军事行动才能真正发挥作用。在所有这三个方面，必须创造各方都能接受的条件，才能产生持久的和平。假如冲突的一方或多方不能接受的某种不平等一直存在，那么无论一开始的军事干预多么"成功"，紧张局势都会不可避免地再次升级，暴力冲突再次爆发的概率也会异常之高。军事介入本身只能解决"症状"，例如，欧美 2011 年对利比亚的空中打击，或是美国 2003 年入侵伊拉克。虽然乔治·W. 布什总统 2003 年 5 月 1 日在亚伯拉罕·林肯号航空母舰的甲板上宣布"任务圆满完成"，然而十五年后人们依然在伊拉克打仗。不仅仅是动用武力的时候需要考虑综合手段，安全和发展能力建设等活动也要如此。如果在战略层级和国家级别上的军事指挥官和政府官员并不买账，即便在战术层面和地方级别上再如何训练部队、在村庄发展善治，意义也不大。阿富汗就是一个典型例子，纵使训练和武装了成百上千的士兵和警察，但如果他们不认为位于喀布尔的中央政府具有合法性，他们仍然不会为之战斗。实际上，他们中的很多人选择了带着武器加入了反对阵营。

第五章 欧洲、军事力量及北约

我在埃格蒙特研究中心的同事，退休准将乔·科尔蒙特（Jo Coelmont）曾非常正确地指出，政治、经济和军事工具的总体效果并不取决于"加法"而是"乘法"。换言之，如果其中某一个因素等于零，整个结果就会是零。其内在逻辑是相辅相成、互为作用的：通过军事手段稳定安全局面后，政治和经济手段才能够投入使用；而军事手段本身不增亦不减，它只不过是更广泛战略的催化剂而已——这是科尔蒙特非常喜欢的一个说法。

使用武力时，必须尽可能地精准打击目标，以保证最大限度地防止平民伤亡以及对基础设施和政府机构的破坏。万一其他国家入侵欧洲（当然，从第三章可知，这几乎不可能发生），我们所要做的并不是发起行动击败该国，更不会彻底摧毁它，而是将其打造成一个稳定的国家，使其再也不能对我们及其他自己的国民造成麻烦。理想的军事行动应该迅猛、精准，以便快速消灭那些对和平稳定造成威胁的军事力量，并且使政治和经济工具得以顺利部署。我们行动的目标应当是要让地方行为体尽早恢复对自身机构的控制并自行维持稳定（如有必要，由"安全和发展能力建设"提供支持）。不过，提前宣布行动的结束日期可能会适得其反，因为这样敌人就会知道还需要耐心等待多久外国军队便会撤离。一般而言，行动的目标是达到某种状态为止，而不是到某一日期截止。这也就意味着，如果期望的最终状态实际上是不可能实现的，那么相关行动也就不应该无谓地继续开展下去。

平民安全须优先考虑，这一原则被称为"人类安全"。"保护的责任"就是捍卫人类安全的一种表现方式，例如，联合国安理会授权干预行动，不仅以不危及平民安全的方式开展，而且必要时为了捍卫人类安全，甚至不惜违背相关涉事政府的意愿以推进干预行动。人类安全与综合措施紧密相关，毕竟，引发当地民众反感的军事干预行动是无法稳定该国局势的。所有西方国家军队都将确保人类安全作为其军事行动的重要指导原则。

然而，对人类安全的关心不应该导向过度的微观管理。某些欧洲国家存在一种观点，认为飞机每投下一颗炸弹，议会就应该检查是否造成平民伤亡——实际上，这种理念只会导致军事行动的全面瘫痪。只有那些忙于"微操作"的国家才会错误地认为微观军事行动管理具有可行性。对于一个在这儿派遣两架飞机、在那儿派遣三十名士兵参与任务的欧洲国家，当然能够核实每一颗炸弹、每一枚子弹的用处；但对于大规模的整体行动而言，国家派出成百上千的飞机、部队，查证具体情况就变得不太可能了。事实上，每个参与多国行动的国家在其指挥总部都设有一位"红牌持有者"。比如，参与打击"伊斯兰国"的联合行动时，若某国在接到打击特定目标的任务时发现其与该国自身的交战原则相违背，那么这位"红牌持有者"就可以掏出红牌，及时拒绝该任务。

我们还是不要自欺欺人。尽管在执行任务时，欧洲的武装力量总是尽可能地试图防止"附带损伤"（平民伤亡的委婉说法）的发生，然而世上并无真正干净的战争。是否存在好的战争、正义的战争？欧盟在何种情况下能够考虑合法地使用武力？

为欧洲而战：理由

最终是否考虑动用军事手段取决于欧盟集体核心利益受威胁的程度。《全球战略》将欧盟的核心利益确定为：安全与主权，繁荣，自由和民主，以及有助于保障上述几点利益的稳定的国际秩序。在对上述核心利益遭受到的可能威胁进行评估之后，我们由此决定欧洲武装力量的优先任务。

《欧盟全球战略》也确认了这些优先级别的任务，即防卫欧洲，维持周边稳定，保障进入国际公域的自由，以及为联合国集体安全体

第五章 欧洲、军事力量及北约

系做出贡献。尽管《欧盟全球战略》并未专门撰写一章内容讨论防务,但针对四项优先任务的讨论实际上贯穿整个文件。相关人士担心,如果用一整章的内容单独讨论防务,恐怕会引起极大的抵触,因此他们选择了在每一章中暗示性地提及部分防务相关问题——这表明欧盟仍对探讨军事力量的问题感到不适。尽管如此,《欧盟全球战略》的结果仍比预期的更有雄心。很多成员国担心莫盖里尼试图将防务问题淹没在一份主旨更宽泛的文件之中,但这种担心已经被证明是无稽之谈。然而,欧盟的确从未真正讨论过使用军事力量的问题,即欧盟如何部署、何时部署和为何能够部署军事力量?所以,《欧盟全球战略》比成员国批准的相关讨论更具雄心。当然,并非所有成员国都把《欧盟全球战略》所提供的选项全部纳入本国的考量。事实上,有一些成员国在国家战略的层面开展了系统性和实质性的讨论,对运用军事工具有着清楚的认知;而很多其他成员国甚至对本国防务尚且缺乏明确的国家定位,更别提关于欧盟集体愿景的想法了。

因此在军事领域,欧洲人不得不重新学习如何思考权力,以便更恰当和有效地利用这一权力。这就涉及几个有关我们的价值观和利益的困境。在《欧盟全球战略》中列出的四项优先任务的背景下,欧盟关于使用武力的观点的核心是什么?

首先要注意的一点是,派遣部队就意味着将其置于险境。这一警示适用于所有类型的任务,包括那些所谓的军事化程度和危险系数较低的任务。守卫马里培训基地的入口,远比坐在布鲁塞尔的家中撰写战略相关的书籍危险。我们习惯性地以为,西方国家向海外派遣兵力,很快就能在当地重建秩序,然后风光凯旋,而不会有人员牺牲。这是一种非常危险的错觉,且带有新殖民主义的意味。如今,法国人所谓的"零死亡"概念——开展军事行动却不招致人员伤亡——明显已经过时了。由于廉价的技术和武器的扩散,即使对最先进的西方军队而言,一些非正规军(如民兵和恐怖主义组织)也有可能成为非常危险的对手。与此同时，很多国家正在加大对于反介入和区域阻绝武器（A2/AD）的投入，意即努力拥有足以反击高科技军事力量干涉的能力。西方军事技术的统治地位几乎消失殆尽。

更为重要的是，我们应当充分意识到，部署军队并使用武力意味着杀人，同时也可能被杀。换言之：这是战争。第二次世界大战以来，除了恐怖袭击之外，欧洲本土几乎感受不到战争。在我自己的国家（比利时），在布鲁塞尔街头部署军队以防止恐怖袭击（从2016年年初至今）之前，大部分比利时年轻人从未经历过被征召入伍，他们甚至没有见过军服，除非恰巧家中有人是一名职业军人。[①]

对于参与任务的我方士兵、敌对阵营士兵，以及在任务当地的普通民众而言，任何远征战斗任务本质上就是战争。比如，在"伊斯兰国"看来，针对他们的联合行动已经升级为全面战争，为此他们动员了所有物力和人力来应对。我们轰炸"伊斯兰国"并不是为了迫使其回到谈判桌前，而是为了彻底歼灭该组织，重新夺回被其控制的所有领土。"伊斯兰国"为其自身的生存而战，并因此逐渐走向极端。但是这并不意味着欧洲人应该开始使用"战争"这一表述方式，那样只会适得其反，甚至正中"伊斯兰国"等组织的下怀，让他们得到一次极佳的机会，以发动伊斯兰世界和西方世界之间的战争为途径来展示他们的"事业"。不过，尽管如此，我们还是必须理解上述情况及我们参与的其他战争的特点，否则我们就无法制定正确的军事战略（除非我们是靠撞大运碰上一个）。

战争不是在轻松愉悦间被发起的。部署武装力量去参与战斗行动，必须被看作穷尽其他方法之后的最终手段。当然，这并不意味着

---

① 为了弥补这种情况，我试图邀请军官（以及外交官）前往我在根特大学的课堂上进行演讲。比利时对1975年1月1日之后出生的男子停止征兵，不过实际上是从1993年开始执行。1976年出生的我认为我比那些军人更有资格讲授军事相关的课程。最后一批被征兵的人于1995年结束了他们的服役。2004年彻底废除了征兵制。

第五章 欧洲、军事力量及北约

在某一特定危机中，尝试过每一种其他手段之后才考虑军事手段——毕竟时间不允许——而是合理推测其他手段的效果比武力生效慢，然后便可考虑采取军事行动。上述考虑的出发点在于思考以下问题：与造成情况恶化或产生新的问题相比较而言，通过军事行动解决问题的可能性有多大？即便评估的结果最终偏向赞成干预，仍然必须权衡潜在的正面效益与成本，尤其是本方军队和普通民众的伤亡风险。只有当获胜的概率以及胜利带来的预期正面影响大到足以证明值得冒负面影响和人员伤亡的风险时，才能够决定展开军事行动。如仍有疑问，则最好谨慎行事，不要介入。

因而可以得出结论，除非我们自己的领土遭遇武装侵略者的直接攻击，否则欧洲对于动用武力的态度就是保持最低程度的介入。

最低程度介入

最低程度介入并不等同不介入。首先表明原则上不干预就是告诉那些不太温和的行为体，它们可以为所欲为。这将破坏军事力量的威慑力，同时也会限制我们的政治和经济实力的发挥——只有当其他行为体顾虑到它们最终有可能面对我方军事力量时，我们的经济和政治力量才更有效果。换言之，欧盟成员国需要可靠的军事力量用于领土防御和实力的展示——意即动用武力的意愿和手段。实际上，军事力量越可靠，我们反而越不用依赖它，因为它具备威慑力并且能够支撑我们外交和经济行动的开展。

在我们自己的领土之外，最低程度介入指的是，我们应当摒弃那种无论何时何地出现安全问题都提出军事解决办法的观念。在欧盟和北约的边界之外，只有当欧洲的核心利益直接受到威胁时才进行军事介入。

因此，促进政权更迭，即强制改变另一个国家的政治制度，显然不是发动军事干预的好理由。无论一个政权多么值得谴责，只有其人民才能够成功发起政治变革。外部力量不能策划这种变革并将其施加于该国，尤其是不能通过武力强加。即便爆发内战或国家间战争，也并不意味着军事行动自动具备了发起的条件。只有当这场战争直接威胁到我们的核心利益时，才会考虑这一选项。例如，索马里内战会妨碍通行自由、阻断商业航线，因此欧盟发起了海上军事行动——亚特兰大行动。在离欧洲本土最近的地方，苏伊士运河是值得考虑采取军事行动加以阻断的典型区域，但在亚洲也有类似的海上咽喉，即马六甲海峡。保障进入全球公域的自由是欧盟的一项防务任务。武装部队不仅要能够在欧洲周边地区实现这一任务，还要能够涉足世界上任意一个欧洲关键经济利益有可能受损的角落。

以有限干预原则为标准来判断，我曾支持过的2011年利比亚战争尽管得到了安理会的授权，仍被证明是一个错误。在"阿拉伯之春"早期的愉快氛围中，给利比亚反对派一点小小的助推这一想法极具诱惑力。但实际上，就算卡扎菲赢得内战，对欧洲的利益也没有什么直接的影响。这么说的确很不中听，而且卡扎菲毫无疑问会以严厉的镇压结束战争、赢得胜利——这也是倾向于干预的最有力论据。然而，通过干预行动，我们加速了这个国家显然尚未准备好的进程。欧美干预所造成的实际结果不过是利比亚的不稳定、马里的不稳定，失去控制的边界，难民和移民危机，毫无疑问，还有叙利亚内战的爆发。该战争对其他国家不会造成溢出效应，这一估计最终被证明是完全错误的。那么它符合我们的利益吗？事后评判当然容易不过，但即便如此，利比亚案例难道没有证明坚持下述原则是更聪明的做法吗？那就是，当我们的关键利益没有直接受到威胁时，最好保持谨慎、不要干预。事实上，既然已经估计其溢出效应很小，那么我们恰恰应该置身于别国内战的事外，因为这就意味着我们的利益受损的可能性也很小。

第五章 欧洲、军事力量及北约

颇具讽刺的是，从那之后，即使难民和移民危机已经直接对我们造成影响了，欧洲人依然持保留态度。虽然我们清楚地知道并不能阻止人口贩卖，人们也将继续尝试横渡地中海，但欧盟的索菲亚海上军事行动仍严格遵守国际法并留在公海上。这样的海上干预是有必要的，不仅仅是因为欧盟需要控制移民（但另一方面我们的劳动力市场也需要这些人，不过不加控制的移民则会有损于我们的社会），还有一个原因是如若不这样做，非法移民们还会有不断被淹死在海里的可能。海军乖乖地待在中地中海，然而，我们反过来又谴责这一行动无效，参与行动的海军受到极大挫败，他们知道自己在这场游戏中扮演了何种不受欢迎的角色。在实用主义原则的指导下，无视联合国宪章，将我们的船只开进利比亚水域，是不可接受的吗？从法律上讲不行，因为欧盟28国几乎从未就此选项达成过共识。但是，如果这是阻止人口贩卖、防止偷渡者溺死的的唯一办法，为什么不能将其合法化呢？

除了保护国际公域的自由之外，在另一种情况下也可以考虑于欧洲边界之外进行军事干预行动，即当欧洲领土的和平与稳定受到该冲突的威胁的时候。比如，冲突带来的混乱局面激起巨大的难民潮，我们的边界安全和收容系统难以应对，甚至我们自身的社会凝聚力也逐渐被破坏。或者，恐怖组织在混乱中滋长，并将其目标对准了欧洲——这正是欧洲人加入打击"伊斯兰国"联盟的原因。此外，还有一种情况也应该进行欧洲之外的军事干预，即，保护海外的欧洲公民——在很多情况下，撤侨行动比直接干预冲突本身更受欢迎。显然，周边地区国家内冲突和国家间冲突外溢到欧洲的可能性是最大的。

2001年美国入侵了远在我们周边地区以外的阿富汗，因为当时塔利班政府窝藏了对美国本土实施"9·11"恐怖袭击的基地组织。欧洲紧随其后也派出了数万名士兵。然而，"阿富汗事件"也说明，人们永远不应该忘记进行干预的最初目的。基地组织作为一个集中领导的组织被消灭之后的很长一段时间内，西方势力仍留在当地，其目的是建设起西式民主——正如我们现在所看到的那样，这并不是一个可行的军事干预目标。最终行动并没有奏效，尽管这是有史以来历时最长的军事派遣行动之一（比第一次世界大战和第二次世界大战加起来的时间还要长），但阿富汗在善治和民主方面几乎没有取得一点根本性进步。当初我们的目标——消除对美国的直接威胁——实现时，就应该立刻撤退的。现在恰恰相反，2017年中期终于拖拖拉拉地撤出大部分军队之后，美国要求其北约盟友重新填入军事力量，比如帮助阿富汗武装力量进行训练的训练官。因为没人敢拒绝美国的要求，故而这一永无止境的故事仍在续写。

为了保持欧洲周边地区的稳定，当一个民主的伙伴国家（或正在民主转型中的国家）的主权遭受威胁时，也应该进一步考虑采取军事支持的手段（包括安全和发展能力建设、战斗行动等）。正如前面的章节所言，对我们而言，从内而外的真正的民主化，是符合我们的利益的，因为民主能够创造稳定。如果我们的邻国因选择了民主和亲欧而陷入困境，那么军事行动应该成为一个选择，因为在这种情况下放弃这个国家就等于放弃民主，欧盟将很快失去在其后院的影响力。我们应该扪心自问，我们愿意向哪个邻国提供何种帮助以保障其安全？在马里的干预行动可以在这个框架下进行理解。一方面，欧盟必须防止马里陷入无政府混乱状态，因为这种状况很容易外溢至萨赫勒地区的其他国家，进而扩散到欧洲；另一方面，作为回报，巴马科政府愿意接受法国和欧盟提出的政治和经济条件，这使真正的综合手段成为可能。当然，我们之前在利比亚的干预行动也是起初造成马里危机加剧的原因之一，这就意味着我们也应当负起责任去解决这一问题。

根据领土之外最低限度介入这一原则，可以看出三个优先选项：保障世界范围内自由进入全球公域；防止冲突外溢、对欧洲领土产生影响，特别是在我们的周边地区；以及维持与我们邻近的伙伴国的主权。

欧洲参与这些事件的政治意愿和军事实力越可靠，其威慑效果就越好，而真正需要展开实际干预行动的可能性就越低。需要明确的一点是：在上述情况下，可以合理地考虑采取军事干预，毕竟欧洲的重要利益受到威胁，但它只能作为整体战略的一部分，且要最大限度地尊重人的安全。更可取的办法仍是采取预防措施（军事或其他手段），动用武力只不过是最后的手段。

上述内容是欧洲的优先项，但这并不意味着欧洲总是独自行动。如果决定了要采取军事行动，我们更倾向于和伙伴国共同实施。但是，由于关键利益处于危险之中，在必要的时候，我们也要拥有独自行动的能力，至少是在我们的周边地区。在该地区，欧盟作为一支强大的力量，应该在维持和平与稳定时发挥带头作用。然而，最低程度介入原则的设想是，首先由有关涉事国家自行负责本国的安全问题，如若不行，则依靠这一地区的其他国家和区域性组织（如阿拉伯联盟、非洲联盟等）。显然，相较于我们的利益，它们的利益受到更加直接的威胁。可是，前几章讨论过的打击"伊斯兰国"的例子表明，当地的各个行为体并不总是愿意主动带头发起行动。恰恰相反，在这个问题上，我们的伙伴国反而是最初造成这个问题的原因。这个辩题也充斥着虚伪，毕竟等到问题逐渐恶化再谴责所谓的西方干涉主义实在是易如反掌。利比亚问题是另一个例子，阿拉伯联盟一开始请求干预，但当卡扎菲政权倒台后，许多阿盟成员的态度又一百八十度大转变。

不过要小心！当地方行为体进行干预时，它们往往并不是非常关心人的安全，伊朗和沙特对叙利亚和也门的干预就能够充分证明这一点。许多阿拉伯国家的武装力量主要是适用于保卫领土、保护政权不被内乱颠覆，它们参与远征行动的能力有限。近年来，它们一直尝试进行军事改革、提高军队部署能力——但这真的是我们想要的吗？

为正义而战

最低程度介入是一条非常严苛而自私的准则。不过，还是那句话，不干预就意味着我方部队不会被杀，我们也不会杀人，不会造成任何不可预期的负面影响。人们常听到"选择性战争"（wars of choice）这一概念，即发动战争不是因为自身领土遭遇袭击，而是为了实现某一目标而主动选择的道路。如果参战真的是一种"选择"，那么我们也可以不选择战争——而这一定是欧盟做出的选择。只有必要且没有其他任何办法的时候，欧洲才会真的发起军事干预。

这并不等同于，在我们不介入的情况下，任何坏事都不受惩罚。而是即便欧盟不动用军事工具，也可以通过政治和经济手段对交战国施压。以制裁俄罗斯为例，欧盟和北约都不想对俄罗斯开战，但是它们能够通过施加经济制裁的方式迫使俄罗斯执行《明斯克条约》。

因此，最低限度的介入实际上意味着最大限度的外交投入。而且，欧盟有充分的条件，进行积极主动的外交，并调停斡旋（必要时以经济手段推动这一进程），预防性地缓解紧张局面或将对抗双方带到谈判桌前。沙特阿拉伯和伊朗争夺控制权的竞争就是一个很好的例子：由于欧盟不选边站队，因此能够同时与双方均展开对话。不像美国，2017年5月访问利雅得时，特朗普大肆妖魔化德黑兰，这表明，尽管已经签署了伊核问题协议，而且就在特朗普这番声明发布之前几天，伊朗温和派总统候选人刚刚获得大选胜利，但美伊关系正常化仍十分困难。但欧盟在哪儿？欧洲外交，特别是它的危机外交，必须紧急换挡，更高速前进。

即使欧盟最大限度地利用其外交和经济手段，但一些难以回答的问题还是会一直存在。欧盟《全球战略》指出，维持多边秩序本身就是欧盟的重要利益。该战略特别指出，欧盟必须为联合国行动做出更多的贡献，并明确强调在冲突中保护平民的必要性，比如，使冲突当地的停火状态得以维持和巩固，这符合"保护的责任"原则。在此需要提醒大家的是，该原则在2005年被通过、成为欧盟外交的优先项之一。然而，"保护的责任"原则和最低限度干预原则可能互相矛盾。干预利比亚是安理会授权的第一个以"保护的责任"为基础的行动，但正如我们所见，它最终恰恰导致了一个与欧洲利益相违背的结果。

也有联合国授权行动符合欧盟利益的例子，如2006年对联合国驻黎巴嫩临时部队的增援，以强化联合国在黎巴嫩和以色列边界的维和行动。在以色列和控制黎巴嫩南部的真主党民兵之间短暂而激烈的交战之后，联合国决定加强在那里的维和力度，并向欧盟寻求帮助。欧洲人答应了这一请求，并以蓝盔身份进行部署，因为只有联合国的旗帜才能被当地各方势力所接受。显然，黎以边界的稳定符合欧盟的利益，因此欧盟才愿意在当地部署数千人的部队。

不过，欧盟对于向中非共和国维和行动提供部队的热情就要低得多，尽管那里的动乱有可能升级为对平民百姓的大规模暴力。2014年，在法国派出本国军队后，欧盟部长理事会决定由欧盟出面进行行动部署，然而对于大多数成员国而言，政治决议并没有真正转化为实际行动的意愿，为该行动所进行的部队调遣龟速前行。其原因在于，除法国（中非的前殖民宗主国）以外，对于其他欧盟成员国而言，除了维护国际法以及遵循"保护的责任"原则之外，它们在中非共和国并没有任何具体利益受到威胁，甚至这些成员国在中非都没有大使馆。中非这个国家，唯一的优势就在于它的名字能够直接告诉世人它的地理位置，否则，正如我的一位同事曾说，大部分人甚至都不知道这个国家。

一方面，维持国际秩序以及守护支撑该秩序的联合国集体安全系统的确是欧盟的重要利益。只有当集体安全系统可以解决每个国家的安全问题且各个国家都为之做出贡献时，它才是有效与可靠的。然而另一方面，我们也能找到强有力的案例来说明，"保护的责任"本身并不足以为军事干预提供充分的理由。无论在哪种情况下，都应该将人道主义和法律方面的因素以及对欧盟其他重要利益的潜在影响纳入评估，尤其是在考虑使用武力的情况下。因此，自动启动军事干预是不可能的，即使条件符合激活"保护的责任"的标准，我们仍须进行评估，看军事行动是否会让事情变得更糟。无论如何，只有安理会才能决定授权动用武力去实施"保护的责任"，这也就意味着通过其在安理会中的成员国，欧盟总是得表明立场。

叙利亚战争这个悲惨的例子，就说明了应如何权衡保护平民的责任与军事行动的可行性之间的关系。战争开始时，我们的初步评估与利比亚案例正相反。我们估计，由于俄罗斯和伊朗的参与，以及与黎巴嫩局势的联系，欧洲和/或美国的军事干涉会立即使战况升级并蔓延到其他国家。上述分析并没有错，我们的确看见俄罗斯在阿萨德政权摇摇欲坠时是如何进行干预的。后来，当战争蔓延到另一个国家——伊拉克时，我们也进行了干预，不过我们是去摧毁"伊斯兰国"而不是废黜阿萨德。

随着战争的拖延，恳求建立安全区的声音此起彼伏，这样平民将能够得到保护，同时恢复水、电、医疗等基础服务。还有人呼吁建立人道主义走廊，以确保人道主义组织能够接触那些需要帮助的人。这些要求听起来不错，但从军事角度看却需要满足极高的条件。如果仅仅通过一则外交声明宣布建立安全区，那么其结果无异于挖了一个陷阱。因为人们聚集在那里之后会发现，非但没有人能够或者愿意保护他们，相反他们却已成为极具吸引力的打击目标。南斯拉夫内战时期，我们在波斯尼亚的斯雷布雷尼察地区做过类似的事情，然而当时的蓝盔部队未能阻止屠杀。

第五章 欧洲、军事力量及北约

真正的安全区需要在地面部署大量的军队,具有强大的火力,有空中力量支援,并且有预备役力量待命。这样一支部队未必到处搜寻然后消灭敌人,但必须准备好在其负责的平民受到威胁时进行战斗。人道主义走廊也是如此,如果交战双方总是故意以平民百姓为目标,而且不想让这些平民得到人道主义援助,那么人道主义走廊就只能通过军事手段强制打通。总之,高尚的意图往往意味着大规模的战斗行动。我们做了开展大规模军事行动的评估工作,但没有真正实施。我们当时的选择正确吗?事情要是这么简单就可以判断出来就好了:事实上,在战争时期,我们往往经常作出错误的选择。

以叙利亚使用化学武器为例。2012年奥巴马总统曾警告称,如果越过那条红线,美国将采取军事行动。2013年8月,阿萨德的部队越过了那条红线,但美国仅仅流露出很少的干涉意愿;英国也是如此,议会明确拒绝干预。只有法国愿意且准备好了进行干预。俄罗斯则利用西方的犹豫,占据了外交主动,主导达成了有关销毁该政权化学武器库存的协议。这算得上是一个很好的解决方案,尽管阿萨德没有受到任何惩罚。然而,2017年,很显然又是该政权,再次使用了化学武器。这一次,特朗普总统领导下的美国采取了军事报复行动。一方面这似乎是合法的,毕竟禁止化学武器是无可争议的国际法规定;可另一方面这又使通过外交手段解决战争的难度更大。还是那句话,要在战时判断什么是"正确的选择"并不容易。

当我们进行干预时,理论上每项行动都需要法律依据,因为确保基于规则之上的国际秩序本身就是欧盟的利益之一,当然也因为法治是我们的价值观和社会的固有组成部分。因此,我们或是采取自卫行动(根据《联合国宪章》第51条),或是受有关国家邀请(如伊拉克和马里),或是经由联合国安理会授权行动(比如2011年在利比亚的行动)。但这一原则也会导致困境,比如地中海海上行动无法进入利比亚海域展开;俄罗斯和中国可能在安理会中投反对票,从而阻止任何对联合国授权的行动请求；还有一些情况，比如利比亚这样的国家不愿意承认它需要外界的帮助。欧盟只能根据各种具体情况评估在这种情况下哪些利益对欧盟而言更为重要。

1999年，为了保护科索沃平民，欧洲人和美国人未得到安理会的授权就通过北约对塞尔维亚进行了干预。这次干预遭到了俄罗斯的强烈质疑，并引起了欧洲范围内的激烈争论，但其在欧洲之外引发的反映远低于预期。欧洲人解决欧洲的问题被认为是理所当然的。如果巴尔干地区再次爆发暴力事件，无论安理会如何决议，毫无疑问欧洲人应当采取行动制止这些事件，必要时可以使用武力，因为这些巴尔干国家现在（基本）都是欧盟候选成员国，在这里欧盟的利益会直接受到威胁。然而，在欧洲以外的地方采取未经授权的军事行动是很敏感的。当对是否使用武力进行潜在评估时，缺乏充分的法律依据可能使人们倾向于得出这样的结论：动武会造成更大的伤害，而非得到好的结果。

保卫欧洲

如果我们自己的领土遭到攻击，我们当然会用包括军事手段在内的一切可能的手段来捍卫自己的安全和主权。但一旦任何欧洲国家成为侵略的受害者时，欧洲各国承诺承担互相帮助的双重义务：这就是《北大西洋公约》第5条和欧盟条约第42.7条的规定。①

假如遭遇其他国家武装部队对我方领土的传统常规打击，只有北约执行的军事计划才能指导我们进行反击。在集体领土防御方面，该

---

① 如果某一成员国的领土遭遇武装入侵，其他成员国应根据《联合国宪章》第51条的规定，有义务以一切手段对其施以援助。当然，这应该以不妨碍特定成员国安全与防务政策的具体性质为前提。这方面的承诺与合作应当与北大西洋公约组织的承诺相一致，北约对于其成员国而言，仍是它们集体防御的基础和执行的平台。

第五章　欧洲、军事力量及北约

联盟已经颇具抱负，欧洲和非欧洲盟友们将共同对敌人进行威慑，即便威慑不成，但抵御此类进攻还是不成问题的。理论上，只有北约的多国部队总部才能够指挥大规模行动。北约的指挥和控制系统由位于比利时蒙斯的欧洲盟军最高司令部负责，该司令部负责监督8000名军事人员的一系列指挥部。欧洲国家目前不打算通过欧盟自行组织领土防御，尽管这可能是一个长远的目标——我们回头再讨论这个问题。

我们的内部安全面临着一系列威胁和挑战，然而都低于启动第五条的门槛。相比于北约，欧盟可能是应对这些威胁的更好选择。欧盟《全球战略》规定，我们必须应对"来自内部和外部的挑战，比如恐怖主义，混合威胁，网络和能源安全，有组织犯罪，以及外部边界管理"。在民主国家，往往不是由武装部队带头处理这些威胁，这也是为什么北约作为一个军事联盟，既没有权力也没有工具来负责这些问题。它的武装部队最多起到辅助作用，在其他安全行动中进行协调，只有在严重危机发生时才会被用作最后手段。是否在其国土上部署武装部队取决于各个国家自身，比如比利时和法国为了防范恐怖主义而部署了军队。不过，军事和民用情报机构之间，成员国和欧盟的危机反应中心之间，警察和宪兵队之间，司法部门、海岸警卫队以及武装部队之间，需要更多的欧洲合作（特别是当后者在欧洲外部边界行动时，比如在地中海进行的索菲亚行动）。

北约仅启动过一次第5条，即2001年针对美国的"9·11"恐怖袭击之后。这说明集体防御不只针对其他国家，也适用于非国家行为体，如基地组织。然而，华盛顿相当傲慢地拒绝了实际的军事支援，并倾向于在英国这样单个盟友的支持下，发动了一场在阿富汗摧毁基地组织的单边行动。直到后来，美国（2003年）入侵伊拉克之后，才逐渐意识到自己已经捉襟见肘，于是要求北约盟友派兵到阿富汗。乌克兰危机中，第5条未曾启动——很显然乌克兰并不是北约成员，尽管在集体防御的背景下，北约已经在我们的东部边界预先布置了军队作为威慑。

欧盟的第42.7条互助条约也只因为恐怖主义而启动过一次。2015年11月13日，在巴黎巴塔克兰剧院及附近的地方爆发了由"伊斯兰国"发动的恐怖袭击。法国当时要求启动第42.7条。这反映了内部安全和外部安全之间不可分割的联系。恐怖主义有两个层面。首先是国际层面，事实上，"伊斯兰国"自称是一个国家，控制着部分领土，并积极发动宣传攻势；这是一个吸引欧洲人和其他人成为伊拉克和叙利亚的"外国战士"并对他们本国发动恐怖攻击的拉动因素。但是，如果在欧洲内部没有相应的内部推动因素，如排斥感、前途无望、挫败感等，那么这些被征召的战士和自我激进化（self-radicalization）就没有能够不断生发的肥沃土壤，他们也就不可能被推向采取恐怖主义行动的那一步。如此一来，这种拉动因素的影响力就会小很多。

法国并没有要求欧盟成员国协助解决国内问题、保卫领土，这应该更符合第42.7条的精神。相反，法国要求其他欧盟成员国支持其在欧洲之外的军事行动，或是为打击"伊斯兰国"的联合行动做出更多贡献，或是替换其他进行中的任务里的法国军队（如马里），以便法国能够集中力量与"伊斯兰国"战斗。这是对第42.7条非常宽泛但合理的解读。

法国将该问题置于欧盟而非北约的框架之内，因为法国的传统政策就是推动欧盟成为一个安全领域的行为体，还有一个原因则是，北约无法满足法国的特定需求，尤其是由美国领导的针对"伊斯兰国"的国际联合行动启动之后。不在北约的旗帜下行动是为了避免产生西方干预的印象而有意为之的，这样就可以将域内国家纳入该特定联合体。

第一次启动第42.7条相当简单，而且最后只取得了一些象征性

第五章 欧洲、军事力量及北约

效果。因为直到那时欧盟也没有明确其实施的程序，都是靠临场发挥。遗憾的是，成员国对欧盟机构在运行第42.7条方面的作用有着非常狭隘的解释。法国启动了这一条，从它们的立场看，该条款是被自动激活的，没必要得到欧盟部长理事会的明确决议。毫无疑问第42.7条适用于上述情况——但情况并不总是如此。试想，一个成员国遭遇网络袭击，它随后启动第42.7条对付俄罗斯的网络嫌犯，其他成员国难道不想百分之百确认俄罗斯是这场攻击背后的幕后真凶吗？如同北约一样，在欧盟，也只有各国部长们的集体赞成，才能决定某种特定情形是否适用于互助义务。有关战争与和平的决定最好是明确的。

　　这同样适用于那些只有启动条款才能采取的行动。在这种情况下，欧盟决定，由法国自行发起行动，并且完全在双边的基础上请求其他成员国提供特定帮助。欧盟机构没有发挥任何作用，甚至连协调者的角色也没有承担。在这个例子中法国没有采取任何非法行动，但并不是未来的每一个案例都是如此明确。还是以网络袭击为例：其他成员国难道不想确定遭受网络袭击的该成员国没有不当反应吗？很显然，并非每一次网络事件都需要军事反应。欧盟不应该把被侵略的成员国该采取哪些行动的决定权完全交给成员国，北约就没有这样做。一旦第42.7条启动，欧盟被卷入其中，那么不管是否直接参与行动，所有成员国实际上都身陷其中了。"9·11"事件之后，美国走上了单边道路，继阿富汗之后又入侵了伊拉克——这是一个带来灾难性后果的决定，直到今天，该地区的人们和身处欧洲的我们都仍在挣扎着。集体利益需要集体决定。

　　最后，在初次启动第42.7条时，成员国的协助仍局限于一些象征性的贡献。一些国家派遣了部队，比如德国参与联合国在马里的行动。但这些大部分都是很久以前就已确定好的，尽管现在可以将它们看作对法国请求援助的回应。假如欧洲人决定在将来要以更加自主的方式负责自己的防务，那么它们必须重新认真考虑第42.7条的实施目标和实施方法。这就构成了欧盟及其成员国该怎样再次学习如何思考军事权力的另一个例子，即使是在自卫这样一个明显和必要的问题上。

欧盟实际上已经在《欧盟运行条约》的第222条中确立了欧盟的第二个义务，即互助的义务，也就是所谓的团结条款。[①] 这特别适用于恐怖袭击、自然或人为灾害的情况，但其规定只能在相关成员国的领土上采取行动。由于法国是要求其他成员国为其在欧盟之外的行动做贡献，所以启动第42.7条是合乎逻辑的选择，尽管第222条中明确提及了恐怖主义的问题。此外，对于第222条，欧盟已经通过了详细的实施程序，规定只有欧盟而不是成员国才有决定权。很显然这也是法国选择第42.7条的原因，因为它想完全保留控制权。

当2016年3月22日布鲁塞尔机场和市中心的地铁站发生恐怖袭击之后，我们比利时没有启动上述任何条款。一方面，政府似乎没有向欧盟或其他成员国提出任何特殊请求；另一方面，比利时特别不愿意启动团结条款，因为这个执行程序明确表明，只有当成员国判断其自身能力在处理问题时已"不堪重负"，才能够激活这一条款。没有任何一个政府喜欢承认这一点。而且这也是一个非常多余的规定，因为有时候成员国并不是没有能力解决，而是因为需要跨境行动，出于实践和法律方面的因素，只能通过欧盟进行。

比利时本可以启动其中任一条款，以突出呼吁欧洲各情报机构合作的紧迫性，实际上比利时已经在多个场合提出这一建议，但总是被拒绝。知识就是力量：情报机构认为信息就是当它们需要从另一个成员国那里获得特定数据时能够使用的硬币。欧盟内部系统性的情报交

---

① 欧盟条约经由2009年《里斯本条约》最新修订后，分为欧洲联盟条约和欧洲联盟运行条约。前者包括欧洲公民的权利与自由，欧洲机构的权限，以及外交和安全政策的特定领域，后者则是欧盟有权处理的其他政策领域。

第五章 欧洲、军事力量及北约

流非常有限,即便有可能得到改善,但将来仍要面临28个情报机构各自为政的情形。我们有理由发问,除了各个国家的情报机构之外,欧盟是否真的不需要自己内部的情报机构?类似于法国或比利时的"国家警察",或英国的军情五处(或者"欧洲联邦调查局",在讨论中一般不称"欧洲中情局",因为后者是对外情报机构)。这样的欧盟情报机构将关注诸如恐怖主义之类的一系列欧盟范围的威胁,并制定共同政策来应对这些威胁。

布鲁塞尔发生的恐怖袭击是一个证明欧盟成员国之间安全联系疏离的惨痛案例。2016年3月22日对"欧洲布鲁塞尔"的攻击就等于对"比利时布鲁塞尔"的攻击,一半的受害者是比利时人。所有受害者都是同胞。

军事抱负

保障世界范围内进入海洋、太空、天空和网络空间等全球公域的自由,防止欧盟周边的冲突扩散到欧盟本身,确保邻近伙伴国的主权。如果说这些是在欧洲以外的地方需要优先考虑的军事任务,那么下一步要考虑的问题就是有多少部队能够有效执行这些任务?换句话说,欧盟必须拥有哪些在境外投射力量的能力?当然,我们也必须有能力防御本土。因此,欧盟必须确定其在军事方面的抱负,使其能够随时保障自身安全的同时,在必要的时候能够向外发力。

关于远征行动,欧盟已于1999年达成一致,成员国应该有能力在两个月内自动集结和派遣50人到60000人的部队(大约15个旅或一个军,加上所需的指挥控制、支援、空中及海上力量),行动持续不少于一年。上述内容在赫尔辛基举行的欧洲理事会上得到批准,该举措被称为"赫尔辛基总目标"——简称"总目标"。50到60000是一个受到前南斯拉夫战争启发的预判的数字,如果欧盟想要在战争早期就进行地面干预,这些就是欧盟可能需要的军人数量。1999年科索沃从塞尔维亚分离出来之后,许多部队在北约的指挥下与美国合作,在当地得到有效部署。重大目标实际上是一个以地面为中心的目标,这个军事抱负仍足以应付今天我们在军事方面的优先任务吗?

下面是在向外投射军事力量方面我们的最新抱负,必要时欧洲人应当有能力同时发动这些远征行动:

● 在若干邻国进行长期的安全和发展能力建设;

● 与全球各国进行包括海洋领域在内的长期合作活动,特别是在亚洲;

● 在欧洲周边开展2项长期的维稳行动(在冲突之前或之后),每个行动派一个旅;

● 在欧洲周边以外的地方,为2项联合国维和行动做出长期贡献(在冲突之前或之后),每个行动派一个旅;

● 在欧洲周边开展3项海上行动(在冲突之前、之中或之后);

● 无论何处,进行1项欧盟撤侨或撤军行动,派一个旅;

● 在欧洲周边地区进行1次包含多个旅和/或空中力量中队的战斗任务。

这份清单并非野心爆棚,它只不过是反映了21世纪开始以来欧洲军事力量的运作节奏。这与有限干预的原则并不矛盾,因为这并不意味着欧洲人真的必须同时发动这么多行动,而是指应当拥有在必要时刻这么做的能力。如果欧洲能够使人相信它有能力这么做,这本身就能起到威慑的作用,特别是在我们的周边地区。

如今的欧洲能这么做吗?答案是不能独自做到。然而,《欧盟全球战略》却比以往任何时候都更加明确地表示,欧盟在军事领域需要有"战略自主性"。此处指的并不是集体领土防御,在这个领域,我们和美国、加拿大以及其他非欧盟盟友共同保障防卫。但是我们必须有能力在必要时独自完成其他优先任务。正如《全球战略》明确指出的那样：这意味着必须拥有全方位地面、天空、太空、海上能力，包括战略工具。

欧洲尤其缺乏战略工具。战略工具是一种将军事力量投射到边界以外的能力，尽可能地精准且使我方部队风险最小化。这意味着，比如，大型运输舰和运输机组成的大型舰队能够一次性部署大量军队，而不是一个小而脆弱的先遣队。空对空加油机也是为了方便长期长距离部署战斗机。精确制导武器或"智能炸弹"可以降低平民的风险。最后，通过卫星、无人机、雷达巡逻机等获取的任何信息和情报（即军事术语中的ISTAR①），都有助于在第一时间识别和定位目标。《欧盟全球战略》明确提及要"加强对情报、监控和侦察的投入，包括遥控飞机系统、卫星通信、自主进入空间以及永久对地观测"。

欧盟在这种能力方面的投入太少，因此我们严重依赖拥有大量战略工具的美国。例如，就2011年利比亚空袭而言，尽管军事实力最强的两个欧洲国家法国和英国也参与了行动，但美国至少提供了四分之三的战略工具。如果缺乏美国的支援，可能欧洲人也能完成空中行动，但也许会在晚些时候才开始，对我们自己的部队而言则意味着更多的风险，而且准确性降低。而那毕竟还只是欧洲后花园的一次相对较小规模的行动。缺乏战略工具实际上是一个非常严重的障碍。28个欧盟成员国每年可能要共同花费2000亿欧元用于防务，并维持一支有150万人组成的可观的武装部队——但缺乏战略工具，部署军队就无从谈起了。

此外，机动部队（即实际作战部队）能够随时待命也是非常重要的。很多欧洲国家所谓的能力根本不能被称为能力，因为人员不足、缺乏训练，同时也缺乏现代化的武器装备，它们无法在自己国境之外部署军事力量。欧盟各成员国的军队数量大幅减少，这是合乎逻辑

---

① ISTAR在军事上是指情报、监视、目标获取和侦察等的能力。

的，没有不合理之处，因为冷战结束之后，没有必要再维持一支大规模的征兵制军队。征兵制在大多数国家被废除（尽管考虑到俄罗斯的威胁，瑞典于2017年决定重新开始征兵）。考虑到我们现在的军事抱负，今天的欧盟连150万的武装部队都没有必要——如果它们习惯于打出一套正确的能力组合拳。随着武装部队规模减小，尾部（工作人员、后勤和支援部队）的收缩要慢于头部（战斗部队）。不仅是从冷战结束以后，2000年往后，欧洲武装部队在火力方面已经大规模失败。

例如，比利时和荷兰几乎放弃了所有的坦克和重型火炮。很多东欧成员国仍在使用冷战时期过时的俄制坦克、飞机以及其他装备，这些大部分都根本无法部署了。欧盟拥有的坦克数量从2000年的16000辆下降到不足5000辆，其中包括2700辆已经过时的。大型战舰的数量也在缩减，从2000年的170艘到不足130艘。由于这些剩下的舰只都在老化，结果将会使欧洲难以维系欧盟和北约在地中海以及索马里海域的行动，尽管每次参与行动的都只是少数船只。

欧洲空军也能用来说明我们的能力缺陷问题。首先，28个成员国中只有20个国家有战斗机，官方数字超过1800架。其中5个国家主要或完全使用俄罗斯的米格战机，现在已经没有能力参与重大行动部署。剩下的15个国家的空军，包括德国空军，仍配备旧式西方战机，它们也就只能在本国领空执行侦察任务。

在有哪些成员国已经表现出于欧洲之外参与战斗行动的意愿及能力方面，估计不会超过六个或七个国家，而且它们在一次行动中只能共同部署100多架飞机。特别是在比利时，一个广为流传的观点认为，欧洲的战斗机数量绰绰有余，因此比利时无须更换F16战机——这是完全错误的观念。欧洲的确有很多战斗机，但是其中可供部署的却很少，并且在将来会逐渐减少，因为那些投资开发新型战斗机的国家获得的数量配额比现在拥有的数量少（比如像比利时政府宣布的那样，用 34 架新型飞机取代原有的 54 架 F16 战机）。

结论是，在欧盟的 150 万军队中，只有很小一部分可用于远征行动，占 10%—12%。150 万人中仅有 15 万—18 万人可用，这既不符合成本效益，也没能妥善利用纳税人的钱。此外，还要考虑到轮换的需要。大部分欧洲国家的军队派往国外的时长不超过四个月，为了维持在国外随时能派驻一名士兵的状态，实际上至少需要有三名士兵：一名准备投入任务的士兵，一名部署在战区的士兵，以及一名康复和重新训练中的士兵。因此，在通常情况下，欧盟 28 国可以同时部署不超过 5 万到 6 万的部队——这大约是 1999 年提出的总目标的要求。此外，能够执行战斗任务的人数甚至还要小于 10% 到 12%，很大一部分人只能从事较低强度的任务。

接下来另一个结论是，目前欧盟在军事领域缺乏战略自主权。欧盟成员国可以集体部署 6 万名男女士兵，自 2000 年以来，如果算上所有进行中的欧盟、北约、联合国行动，无论是联合行动还是国家单独行动，欧盟成员国总共能够部署高达 8 万人的部队。但欧洲人无法单独做到这一点——只有在美国提供战略工具的条件下才有可能。实际上，欧盟也在指望美国能够为其军队部署提供战略储备。如果战斗中的部队遇到困难，必须获得增援或需要脱身，保持一支和派出部队差不多规模的、能够快速部署的储备力量是在军事实践上当然很好。一旦欧洲派出 6 万人的部队，那么它的战略储备部队的人数也要多少和这个数字持平。想要派出更多军队将困难重重，而且充满随意性——也就是说欧洲缺乏可部署的储备力量。

因此，欧盟尚未达成 1999 年制定的总目标，不过，更重要的是，无论如何这都不足以应对当前的挑战了。前面我指出的当下更高级别的、投射能力更强的抱负，无法通过 6 万人的可部署部队实现。实际上，总目标应该翻倍，这样欧盟成员国可以随时派出 6 万人的部队，与此同时拥有同等数目的储备力量，以防因执行中的任务出现问题或者产生新的危机而需要做出军事回应。此外，考虑到当前的军事优先任务，颇具陆地中心论倾向且建立在前南斯拉夫经验基础之上的总目标，应当辅以更强的空中、特别是海上维度。最后，目标应当是，必要时，在没有美国或其他盟友、战略伙伴的帮助下，欧盟成员国能独自提供部署这种规模军事力量所需的战略工具。

对于一个学者而言，可以很轻易地说要将总目标翻倍：在任何时候都能够派遣或准备派遣10万人到12万人的部队；考虑到轮换的需要，实际上需要36万人以维持一年的行动。不过，即便将自主远征行动的抱负翻倍，依然有超过100万的现役部队没有物尽其用，欧盟成员国的军事潜力没有被充分利用起来。换句话说，还剩下足够多的军队能够让我们在履行对北约承诺的同时，威慑或击败任何对我们领土的袭击。因此，追求更高级别的远征行动与集体防御、跨大西洋联盟并不冲突。

北约怎么办？

有人依然认为欧盟和北约是竞争关系，一方得利就会自动损害另一方。当然，假如我们今天可以一切从零开始，那么肯定不会创建两个单独的组织，而是会选择将欧洲的外交、防务和安全政策置于一个屋檐下。但我们不可能从零开始。因此，根据第5条互助承诺，欧洲人和北美及其他非欧盟盟友通过北约共同组织领土防御。此外，北约能够在世界任何地方组织任何形式的远征行动，在北约术语中，这些被称为非第5条操作。欧盟也可以通过其自身的共同安全和防务政策在全球实施各种形式的远征行动，欧盟术语将其称为"彼得堡任务"，因1992年彼得堡宣言首次将其列出而得名（本身是以波恩附近的德国政府会议中心命名的）。每当需要对危机做出军事反应时，不可避免会产生一个问题，即欧洲人应该在哪一面旗帜下行动？无论是

第五章 欧洲、军事力量及北约

欧盟还是北约，都没有自己的武装力量——只有成员国才有。这两个组织都试图使其行动对提供军事力量的欧洲成员国具有吸引力。

结果，在两个组织之间形成了一场"选美比赛"，军事力量的部署就像是市场经济。它们都希望能保住自己的"市场份额"，并且之后进一步索要成员国的军事力量。例如，2015年11月恐怖袭击后，位于布鲁塞尔的北约总部遭受了很大挫折，因为法国选择启动了欧盟条约第42.7条而非北约第5条。这被解读为北约自认为的独占性"市场"——我们的本土防御——遭受威胁。许多人也觉得欧盟的海上行动给北约蒙上一层阴影。欧盟尤其在对付索马里海盗的"阿塔兰特行动"中效果明显，而北约真的不必要在同一时间、同一区域中单独再开展独立的行动。事实上，从一开始就将所有欧盟舰船集中到单一行动中是更加符合逻辑的。当欧盟在地中海开展"索菲亚行动"时，北约察觉到一个新的"市场"，于是迅速跟进其在希腊和土耳其之间的爱琴海地区的行动。这是一项无法在欧盟旗帜下开展的行动，因为对于土耳其而言这是无法接受的，毕竟它是北约成员国而非欧盟成员国，且对于欧盟防务方面持有高度批评态度。这已经说明"选美比赛"是没有意义的，欧洲人必须具体问题具体分析，然后决定某个行动在哪种旗帜下更有效果。

欧盟方面往往感到被边缘化，因为当成员国决定发起战斗行动时，它们很少考虑将共同安全和防务政策作为行动框架。而且远不止如此：事实上，成员国也倾向于绕过北约。决定采取战斗行动的成员国往往更愿意自行行动（如法国在马里），或通过欧盟和北约之外的特定联合体（如对抗"伊斯兰国"的联合武装），从而最大限度地保留控制权。在欧盟和北约的旗帜下，我们在海上巡逻、我们训练伙伴国家的武装力量、我们的军队提前驻扎东欧，但如果一旦战事骤起，成员国倾向于不选择这两个组织中的任何一个——这使两者的竞争更显荒谬。

尽管28个欧盟成员国中有22个同时也是北约的成员，这场"选美比赛"仍在进行。此外，剩余的6个国家中有5个是北约的伙伴国家，与之有着极为密切的关系，它们是奥地利、芬兰、爱尔兰、马耳他和瑞典。只有塞浦路斯与北约没有建立正式关系，其原因在于长久以来一直存在的岛屿分裂问题。很不幸，希腊和土耳其为解决它们的双边争端，总是滥用塞浦路斯在北约的地位问题（土耳其是限制塞浦路斯的权限）以及土耳其在欧盟的地位问题（希腊，尽管今天有很多其他国家也设法限制土耳其的权限）。反之，阿尔巴尼亚、加拿大、冰岛、黑山（2017年5月被批准加入）、挪威、土耳其和美国都是北约成员国但不是欧盟成员，英国脱欧后，当然也会变成它们的一员。

为了停止欧盟和北约之间无意义的竞争，首先必须观察两个组织各自的本质是什么，以及它们的任务是如何互相关联的。这一点似乎非常明显，但实际上并非如此。在漫长的冷战岁月中，北约占据了欧盟外交和安全政策以及美欧关系的中心地位，很多人无法或不愿看到这种中心地位已经结束很久了。主导欧盟外交政策议程的不再是入侵的威胁，而是气候变化、能源依赖、国际贸易、恐怖主义、中国崛起，等等。面对上述所有问题，北约只能提供一点助力，而很多时候则是完全不能发挥作用。当然，我们确实希望在这些问题上与美国保持对话，但我们主要是在北约框架之外，由欧盟直接和美国沟通。

事实上，欧盟和北约无法比较。欧盟是一个其成员国仍享有主权的超国家组织。尽管没有任何成员国放弃主权，不过在很多问题上，成员国只能进行集体决策或多数决议。设想住在一栋公寓楼的场景（就像作者这样）：在个人公寓内部，一个人可以做他喜欢的事情，只要遵守共识规范且不打扰邻居即可。但是，如果要对楼梯间、电梯或整栋公寓楼相关的事务做出决定，则必须和其他业主共同商议。业主大会也许非常无聊，但最好还是去参加，因为是由多数人做出决议，即使某业主不在场或者在场但属于少数派，也必须按多数人通过的决议执行。在这个类比中，北约相当于邻里守望，并非这栋楼里的每个邻居都加入，但还有其他楼里的邻居在其中。邻里守望非常重要，但并不能对这栋公寓楼的未来做出决定。

这说明欧盟是一个介于国家和组织之间的类型独特的行为体（如欧盟研究者们爱说的那样，是自成一格）。相反，北约则完全是一个政府间国际组织，所有问题都以协商一致的方法解决，且不存在主权共享的问题。在欧盟，只有在外交、安全和防务政策领域内，一体化程度最低，欧盟暂时仍以政府间模式运作（然而贸易和发展却受超国家原则管辖）。然而，总的来说，欧盟的政治重心位于布鲁塞尔和各成员国之间，而北约的重心显然是在成员国（尤其是美国）。

因此，欧盟算是一个自主行为体，而北约只是一件工具。在欧盟之中，各成员国仍是最重要的行为者，各自执行外交政策并为此制定战略。此外，成员国还能通过欧盟实行集体外交政策，即共同外交与安全政策（简称 CFSP，共同防务与安全政策是其中的一部分），为此它们还制定了一个共同战略——全球战略。如果在一个特定情况下，欧盟战略要求其进行军事干预，欧洲人总是有多种选择来实现这一目标。例如，可以由欧盟自身（通过共同防务与安全政策）实施军事行动，也可以通过北约（可以作为欧盟战略的一件工具），或者通过联合国指挥下的欧洲军队来完成，又或者通过成员国（与非成员国）的特定联盟。甚至这也可以是国家层面的行动，由得到别的伙伴成员后勤及其他支持的某一成员国执行。

北约不能提出自己的外交政策，因而无法决定欧盟战略。欧盟战略确定了北约运作的背景条件，而非相反。唯一的例外应该是第 5 条之下的集体领土防御，因为到目前为止，欧盟在这个领域并未发挥真正的作用。因此，当且仅当在集体防御这一领域内，北约才是欧洲人和美国人共同决定战略的平台。在其他方面，欧洲人通过欧盟制定战略，而美国人则有自己的美国战略。然而，很多人还是不这样认为，他们觉得北约似乎能够在所有领域都做出决定，制定让欧盟在内的所有欧洲人都必须遵守的战略。

乌克兰危机证明后一种说法是错误的。北约对危机做出军事反应，在我们的东部边界预先部署部队，向俄罗斯及我们自己的公众都传递出了信息。这一反应发生于有关俄欧关系未来的总体构想框架之内，涉及所有领域，包括能源。这一构想并不是由北约制定的，而是由欧洲人通过欧盟集体决定的，从他们作为俄罗斯邻国的利益和优先任务出发，而美国人在华盛顿则有自己的主意。欧洲和美国的想法相结合，共同决定了通过北约使用军事工具的边界。

显然，尽管对在欧盟、北约及其成员国工作的国际官员而言，仍然很难接受这个新的事实。北约机构中的很多人依然没有接受联盟丧失中心地位的事实。像一些非欧盟国家的北约同盟国以及部分欧盟成员国，就拒绝承认在今天这个多极世界里，欧美的利益分歧太大，以至于我们无法再假装说只存在一个北约世界观。此外，在美国战略中，中国和亚洲是第一要务，而不再是欧洲，因此美国期待（理所当然地）欧洲人能够自行保障欧洲周边的安全。所以无论是在北约旗帜之下或是欧盟旗帜之下，不管怎样都将是欧洲国家采取主动行动来解决欧洲周围的危机——美国不会再主动帮我们做这一切了。这个美国的新立场一下子使欧盟和北约的竞争完全过时了。

在这种情况下，欧盟必须是一个自主的战略行为体。这意味着北约运行的战略框架一方面由美国决定，而另一方面由欧盟决定。在特定情况下，只有当欧洲人想要采取行动并动用北约指挥结构时，北约才能够完全成为欧洲甚至欧盟战略的工具。另一方面，这也意味着欧盟行政当局及成员国之间不要再对欧盟战略激辩不停，认为欧盟军事方面的行动实施完全是通过共同安全和防务政策进行的，因为事实是，大部分军事行动都是在其他框架下发生的。

分 工

为了优化欧盟—北约关系，同时实现欧盟所必需的战略自主，必须解决安全和防务政策的三大主要职能问题。抛开所有的教条和情绪，用理性分析来决定如何在这三个职能内有效运作。

首先是战略职能。在这个方面，一切都很明朗：欧洲国家通过欧盟实施外交政策并且为此制定了一个综合的大战略（包括外交、防务、贸易和援助）。只有在集体防御这个特殊的领域，欧洲各个国家才会直接和美国展开对话，并且由北约制定战略和军事计划。如果欧洲周边地区出现安全问题，需要做出军事回应，即所有不属于第5条的情形，欧洲国家也会通过欧盟来判断局势，考虑它们的价值观、利益以及已经写入全球战略的那些优先目标，以决定采取何种行动。在这么做的时候，它们必须考虑到针对所有涉及其中的国家的总体外交政策，而且该政策无论如何只能通过欧盟发起。

其次是运作职能。在谁将必须发动潜在行动的这个问题上，答案越来越明显，那就是欧洲人自己。只要欧洲本身不具备所有所需的战略工具，就很可能需要在特定领域获得美国的支持（如情报、特种部队和运输）。然而美国提供支持的条件是，欧洲人自己主动采取行动——如果我们自己不去解决自家后院的危机，美国人同样也不会出手。之后将在何种指挥下进行军事部署，无法提前预知，只能具体问题具体分析。这取决于行动的规模、所需的指挥控制系统，参与的国家，以及我们部署兵力的对象国在政治上更能接受和不接受哪面旗帜？保持多种选择绝对没有坏处：欧盟的共同安全和防务政策，北约，联合国，临时联盟，或单一国家独自行动，或者能够得到其他国家的后勤支持（如法国在马里）。

由此而论，欧盟是否需要其自己的军事指挥总部是一个有争议的问题。真正的战略自主性意味着拥有一切行动所需的手段，不依赖其他行为体提供的工具，以便可以随时采取行动。这指的不仅是战略工具，也包括指挥总部，它们能够策划和执行满足重大目标要求的军事行动。如今只有北约拥有这样广泛的指挥和控制能力。此外，一些成员国拥有国家指挥总部，能够执行一定限度的任务，可以根据具体情况向欧盟提供帮助，如法国、德国、希腊、意大利和英国。

欧盟自身结构体系中的"军事策划与执行能力部"（MPCC）是一个非常小的单位，只有30名官员，甚至都没资格被称为"指挥总部"（尽管它本身也不等同于指挥总部）。该单位只能从事非执行性任务，比如能力建设和训练任务。2017年春天，欧盟大张旗鼓地宣布设立该单位，英国甚至在脱欧前还最后挣扎，想要暂时阻挠该计划，但其实英国本不必要这么麻烦，因为该单位很大程度上只不过是一次象征性的努力。很多欧盟官员宣称"军事策划与执行能力部"可能成长为一个真正的指挥总部，但到目前为止还差得很远。因此，在危机中，当欧洲人决定在欧盟旗帜下派出军队时，尽管欧盟对行动保有战略控制和政治方向把控的权力，但他们必须将指挥控制权分包给五个成员国指挥总部之一或者北约指挥总部。

这就是值得讨论的问题：当欧盟想要发起一项行动时，上述这些指挥总部确定总能随时供欧盟使用吗？这五个国家指挥总部并非自动适用于执行跨国任务。为了能够在特定危机中顺利展开欧盟行动，来自所有成员国的军事人员必须年复一年地在这五个指挥总部中接受培训，而这是一件耗资不小的事情。当一个国家指挥总部被指派负责某一行动时，它将暂时得到许多其他参与国军事人员的增援。

由于两个组织之间在2002年签订了柏林补充协议，原则上确保欧盟能够使用北约指挥总部。然而，实际上，北约是在具体问题具体分析的基础上做决策的，很多人担心非欧盟的北约成员国会实施否决权,禁止欧盟使用北约指挥总部。很显然大部分人能想到的非欧盟北约成员国就是土耳其。上述情形并不仅仅是假设。2011年英法说服美国支持干预利比亚时,美国要求将这项行动变成北约任务。法国实际上希望这是一个欧盟任务,但美国明确表示:要不然是北约任务,要不然美国不参与。法国不得不让步,只能让土耳其声明它不愿接受北约在该地区开展行动。美国当时不得不倚重安卡拉,后来才最终使北约获得了对任务的领导权,而那时行动已经持续好几天了——这绝不是美国期待的理想情况。美国本身不可能拒绝获取北约的指挥控制权,它希望欧洲能够承担更多责任,但是当然,华盛顿对这些行动还是有很大影响力,毕竟美国官员占据了北约指挥总部的大多数关键职位。

只有两种可能的解决方案。欧盟在其结构内部创建一个羽翼丰满的执行指挥总部,某种程度上来说是对北约结构的复制,这也是英国一直阻挠该选项的原因,但这未必是一个不必要的复制。

综上所述,能够在多面旗帜下行动是很有用的,毕竟人们无法事先了解所有意外事件的具体情形。但每个选项都必须是有效可用的,这也就意味着每个选项都要具备必要的指挥和控制结构。此外,欧盟可以利用这一机会确立起民事—军事行动指挥总部,将所有方面的危机管理都整合到一起——这将会成为一个独特的能力。

还有一种选择则是让欧盟能够直通北约指挥系统。北约行动指挥链的最高层是盟军力量欧洲最高总部(SHAPE),如上所述,在此之下则是若干个指挥总部。实际上是后者真正对行动进行指挥,而盟军力量欧洲最高总部是在战略层面发挥作用。例如利比亚空袭就是由北约那不勒斯总部指挥的。如果根据柏林补充协议,欧盟能够使用北约指挥系统的资源,那么它并不是和那不勒斯等指挥部进行沟通,而是和能够将欧盟指令传递给各指挥部以展开行动的盟军力量欧洲最高总部进行沟通。结果,欧盟对自身行动的控制权很小。然而,也可以让欧盟直接进入那不勒斯等指挥部，这样，这些指挥部就离政治决策更近了一步了。尽管那时候欧盟还是需要一个能够将欧盟政治机构和相关的北约指挥部联结起来的军事（或民事—军事）结构，但相较于一个完整的欧盟行动指挥总部而言，这个军事结构规模要小得多。

这看似是一个非常技术性的讨论，但实际上是高度政治化的：这与欧洲战略自主性有关——在现有情况下是不存在的。在这场探讨中，许多混乱是被有目的地制造出来的。例如，人们时常听说我们缺乏足够的军事人员在可能的情况下组建欧盟指挥总部。但却从来没有听说过，北约在美国（弗吉尼亚州的诺福克）拥有完整的指挥总部，盟军转型司令部雇有超过一千名员工——没有人知道他们正在做什么工作。当时的想法是让美国通过盟军转型司令部将军事理论创新引入北约，但实际操作中，盟军转型司令部由于离欧洲太远而无法对欧洲产生影响。甚至在欧洲的北约总部，人们告诉我即便盟军转型司令部今天停止工作，身在布鲁塞尔的工作人员也要好久之后才会意识到这一点。欧盟总是面临批评，认为它是对北约职能的重复，但北约内部却很少或几乎没有关于资源浪费的说法。换言之，创建欧洲所需要的指挥总部的能力绰绰有余，人们只是需要勇气去做出选择。

最后一项职能是"实力"。必须确定为了实现我们的抱负，陆海空军分别需要什么样以及什么数量级的军事能力。为了实现该目标，北约创建了一个精心设计的机制，即北约防务计划流程（ND-PP），该流程为每个盟友确定了能力目标并密切监督相关表现。联盟针对第5条（集体领土防御）和非第5条（远征行动）确定了北约作为一个整体的军事抱负，涵盖包括美国在内的所有29个盟国。这种层次的军事抱负自然高于欧盟成员国级别的想法，后者只包括远征行动，却缺乏领土防御的内容。然而，北约防务计划流程无法保证北约中的欧洲盟国在必要情况下可以单独行动。北约只关注两个层面：北约作为一个整体，以及每个成员国各自作为个体。例如，北约的一个目标是作为一个整体能拥有充足的战略工具，可是这个系统的建立并不能保障联盟中的每个盟友都拥有战略工具，结果也的确如此，大部分战略工具只是美国的能力。因此，同时也是北约成员国的那些欧盟成员国，它们的实力总和也并不足以支撑它们这个集团在没有美国支持的情况下自行开展行动。另外一个原因则是，没有任何单个欧洲国家能买得起足够发挥作用的战略工具。如果欧洲盟国想要获取战略工具，它们不得不将各自资源集中起来、设法共同获得。

为了实现战略自主，欧盟成员国首先必须明确自己的军事抱负，我已经在前文给出相关例子：在必要时，在没有任何非欧盟北约盟友帮助的条件下，欧盟国家希望能够发动什么样的行动？需要包括战略工具在内的何种能力？欧盟国家的集体能力目标可以被纳入北约防务计划流程之中，因此北约可以制定三个层次的综合能力目标而非两个层次：北约作为一个整体，北约的欧盟成员国或伙伴国，以及每个单独的北约成员国。其结果应该是，欧盟成员国集体拥有一系列能力，使它们能和所有北约盟友一起进行共同领土防御，并和所有北约盟友一起为远征行动做贡献；同时，也能在必要的情况下，按照欧盟所定义的军事抱负，发起和执行特定的远征行动。

欧盟和北约的关系可以被视为一个俄罗斯套娃（考虑到我们和俄罗斯的关系，如果这个形象仍被允许使用）。最大的娃娃是作为一个整体的北约，今天它的里面只有一个非常小的娃娃，即欧盟国家。因此，在小的欧盟娃娃和大的北约娃娃之间仍有许多空间。增大欧盟娃娃以填充空间并不会削弱北约，相反，此举使整个联盟不再空洞。而且，变得更大的欧盟娃娃也可以拿到北约娃娃外面，自己单独行动。换言之，界定欧盟自己的军事抱负，增强欧盟成员国的军事实力。即使欧盟成员国决定集体而非单独获取相关能力，也和北约绝不抵触。

欧盟成员国武装力量的增强这件事本身当然会增强北约的军事力量。

北约和欧盟的军事抱负一旦确定并转化为详细的能力要求清单，就必须开发并努力获得这些能力（包括人员、设备、军事理论及培训）。问题是：上述任务是否还是主要由欧洲国家各自单独完成？它们是否至少会从集体获取战略工具开始？或者它们能否走得更远，整合军队、最终有可能形成一支单一的欧洲军队？下一章将讨论欧洲武装力量的合作与一体化。

从严格意义上说，"欧盟套娃"可以被理解为北约的欧洲支柱。尤其是，如果欧盟成员国将其武装力量进行整合，形成了真正的欧洲支柱，可以对美国和其他非欧盟盟友共同参与的北约行动做出贡献，但它也可以单独行动——无论是在欧盟旗帜之下或北约旗帜之下，都只依赖欧洲自己的力量。从政治角度来看，今天的北约有两大支柱，尽管加拿大、土耳其等盟友并不乐于听到这种说法：美国和欧盟，即联盟内部的两大战略行为体。可是，欧盟本身在北约内部却没有代表。

这两个组织在不同层级上开展了许多磋商，从北约秘书长延斯·斯托尔滕贝格和欧盟高级代表费德里卡·莫盖里尼，到各种军事人员和民事管理人员。两者之间的氛围比以往任何时候都好，尽管这未必意味着双方会有许多实质性的合作——而"选美大赛"又一次开始了。莫盖里尼和欧洲理事会主席唐纳德·图斯克均被邀请参加北约的国家元首和政府首脑峰会。然而从根本上说，代表欧盟的声音在北约内部是不存在的。

随着欧洲支柱的巩固，欧盟成员国在北约内部以一个声音说话合乎逻辑。尽管欧盟本身不是北约的成员国，但没有什么能够阻止欧盟成员国在北约会议之前坐在一起、就共同立场达成一致。对于英国而言这一直是一条红线，不过脱欧以后，英国再也无法阻止在北约内部形成一个欧盟区块，这肯定能使欧盟处于更有优势的地位，更好地应

第五章 欧洲、军事力量及北约

对类似于唐纳德·特朗普这样的总统的无耻行为。不过，最重要的是，这是欧盟作为一个战略行为体逐步发展的合乎逻辑的结果。强者不管在哪儿都能发挥强者的力量。

走向欧盟—美国联盟？

有一个问题仍未得到解答：欧盟自主的军事抱负是否应当局限于远征行动？或者欧盟最终也应该能够防御自身领土？即欧盟是否应该像北约第 5 条那样充分实施欧盟第 42.7 条？无论答案如何，欧洲人都必须加强他们自己各方面的能力，包括集体领土防御和远征行动。正如第三章所言，我们今天之所以不用害怕我们的领土遭遇直接入侵，不是因为我们自身的军事力量很强，而是因为我们潜在的敌人，尤其是俄罗斯的军事力量很弱。当然，由于北约的存在，我们还可以依靠美国。

但是后者永远成立吗？特朗普在其竞选期间明确指出，那些没有做出足够贡献的国家，不应该再依靠美国了。大家都注意到了，与许多观察家预期的相反，2017 年 5 月布鲁塞尔的北约会议上，特朗普并未明确表示支持第 5 条。随后他在其他场合也这么做，而美国 2017 年还是继续增加了其在欧洲的军事存在的预算。但为了以防万一，欧洲人开始规划自己的欧洲防务不失为理智的举措。北约可以实施这个计划，或者北约的欧洲支柱欧盟也可以，其目标并不是抛弃北约这个联盟，而是想确保有一个备选计划，这样欧盟就不必完全依赖于恰巧入主白宫的是什么样的人。因为那样没有多少确定性——从特朗普的当选可见一斑。

正如我们在第三章中讨论的那样，也许最终巴里·波森的想法会是最好的解决方案，因为它是最灵活的：以美国和欧盟之间的新联盟取代北约（当然，非欧盟的北约成员也可以加入这个新框架）。在这样一个群星荟萃的系统中，欧盟成员国可以自主确立包括领土防御在内的各种军事任务方面的抱负，并为此建立一整套军事力量，但与此同时还将继续与美国保持结盟关系。我们威慑或击败任何攻击的能力仍要靠美国和欧盟之间的互助义务支撑，但在最坏的情况下要做好独自抵抗的准备。在这种情况下，各个北约指挥总部将被转交给欧盟，而美国可以安排联络官（正如今天在不同的美国指挥总部中都有欧洲联络官一样）。所有这些指挥总部都将处于欧盟的战略控制和政治指挥之下。只有战略总部"盟军力量欧洲最高总部"仍是欧盟—美国联合总部，最高领导由美欧指挥官之间交替担任（不过，今天的欧洲盟军最高司令总是美国人）。因此，北约将被"欧洲化"。

在一个不可预知的世界里，这对未来而言似乎是一个值得推荐的选项。此外，这可能是一个能够真正在欧洲产生自主思维的过程。因为在北约所进行的冷战结束后，欧盟从未停止过向美国征求该怎么做的建议。这是我们的错误，而非它们的错误。在一个欧盟和美国平衡的联盟关系中，我们最终可以解放自己。

如果欧洲想要的是包括军事力量在内的完全的自主权，那么它就无法逃避另一个更深层的问题：核威慑。这在欧洲并不是一个受欢迎的话题，我们中的大多数人往往只是假装核武器不存在。但事实上核武器是存在的，而且如果我们没法让核武器退回到没被发明的状态，那么在我们的武器库中也留存一些核武器是最好不过的了。没必要拥有更多的核武器，但问题在于核威慑是否可以被纳入欧盟战略？英国脱欧一旦生效，就只剩一个欧盟成员国——法国——拥有核武器了。时不时有人提出法国的核打击力量应当"欧洲化"。过去对此的反应都非常谨慎，尤其是德国。但自从英国脱欧公投和特朗普当选之后，新一轮的讨论又开始了。将法国的核保护伞扩大到全欧盟，作为对共同出资或正打算共同出资的成员国的回报，这是合理的。作为欧洲集体防御的一部分，这样做能够极大地增强威慑能力，同时也能帮助法国在财务上维持这种耗资巨大的军事能力。反过来又能增强法国能力，使其和德国一起成为欧洲防务的驱动者。除了财政贡献之外，其他成员国也能够在军事方面进行参与，例如，让自己的战斗部队加入法国威慑力量的空军部分（也可以是以潜艇为基础的海军部分）。欧洲敢于展开这样的讨论吗？

第六章
欧洲防务甚或是一支欧洲军队

如果28个欧盟成员国花费它们如今每年用于国防的2000亿欧元来建立一支欧洲军队，那这一数额就足以使欧洲具备打造欧洲自主战略所需的全部潜能。一支欧洲军队意味着欧洲单个国家的武装力量不复存在，并由一支统一的陆海空军取而代之，受欧盟的管辖。欧盟部长理事会可以用多数决定的方式，来调遣这支真正属于欧洲的武装力量。乍听起来这个想法很牵强，但事实上并非如此，因为这正是法国、德国、意大利和比荷卢经济联盟国家在1950年至1954年就计划之中的：那就是创建欧洲防务共同体（European Defence Community）。它们为此签署了一项条约，而我们也清楚地知道它们设想中的欧洲军队本该是什么样子。之所以说"本该"，是因为该条约最终没有得到批准，因此除了少数人记得它"本该"的样貌之外，这个计划基本被遗忘了。

之所以缅怀"本该"的图景，是因为欧洲防务共同体未被批准的结果是：我们陷入了这样一个困局。时至今日，欧盟范围内存在28个大多是小型的国家级武装部队，因此需要28个国防部，28个总参谋部，28个军事学院，28个后勤供应系统，28个维护系统，等等。欧洲武装力量之间有很多无用的重复。这种重复和分散的进一步后果

第六章　欧洲防务甚或是一支欧洲军队

是，所有国家军队的预算越来越本末倒置，即更多地花在维护和支援系统这些"尾巴"上，而不是在"头"上——实际的机动部队上。因为我们的军队规模变小了，但并不是所有的成本都以与军队规模缩减相同的速度减少：无论空军使用10架战斗机还是100架，它仍然需要一个机场和一所学校来训练飞行员；在军校，无论我给10名还是100名学生讲课，我的费用是一样的，而且我仍然需要一间教室。结果，投资于研究和技术以及购买新武器和装备的资金明显减少。就算有这些投资，国家也并不总是购买最好的装备或它们真正需要的东西，而往往是购买它们自己的国防工业所生产的产品。又或者国家常常会投资于能够展现其地位和声望的装备，而非欧洲非常需要的战略工具。在防务领域，保护主义仍然是进一步合作和一体化的巨大障碍。正如此前章节所示，许多成员国仍然对无用的装置和过时的设备紧抓不放，这些装备已不能再用，但依然在烧钱。

重复和分散，这就是欧盟成员国每年花费2000亿欧元在国防上，却依旧无法提高独立作战能力的原因。很不幸，这些2000亿预算很大程度都被浪费了。

预算和比例

解决欧洲防务难题的方法不是花更多的钱，当然也不是不花钱。如果不改变我们分配国防预算的这种浪费方式，那么任何额外的预算同样也会很大程度地被浪费掉。然而，国防开支的增加一直是政治议程上十分重要的议题。在欧洲平均防务预算已经在GDP中占比1.5%的背景下，要将之增加到2%的额度甚至都会被看作一个大幅的提升。我所在的国家比利时，国防支出已经低于国内生产总值的1%，德国也是如此，2017年德国在国防方面的支出只有GDP的1.2%——当然，它的GDP规模很大。

在向北约盟国发表第一次讲话时，美国总统特朗普坚称所有欧洲国家应该将 GDP 的 2% 有效落实到国防上。这其实与 2014 年 9 月在北约威尔士首脑峰会上达成的共识相呼应。准确地说，峰会宣言实际上指出，盟国应该"在 2024 年前努力实现 2% 的指导方针"。这不完全等同于"在 2024 年花费 GDP 的 2%"。但北约盟国明确同意应该停止缩减国防预算。在这方面，比利时显然违背了达成的协议，因为在威尔士首脑会议之后，新政府刚一上台就削减了国防预算。而其他大多数国家的预算都在逐渐增加，这主要是对俄罗斯武断行为的回应，① 而不是因为特朗普访问布鲁塞尔：虽然特朗普是这么吹嘘的，但事实上停止缩减预算的节点早在此前就已到来。

即便每个国家都计划在国防上花费更多，但只要这种行为是停留在国家层面的单独行为，其所能产生的附加值就会非常有限。没有任何一个欧洲国家有能力单独获得昂贵且数量足够的战略工具以解决欧洲防务难题。而如果没有这些工具，欧洲依然无法单独开展远征行动。即使达到 2% 的军费增长目标，欧洲仍将依赖美国。因此，2% 的目标并不是一个合适的标准。倘若一个国家国内生产总值下降，那么国家的防务需求是否也会相应缩减呢？实际情况可能正好相反。如果这笔钱不被用于解决欧盟和北约已经发现的那些亟待解决的问题，而是用于面子工程或者挽救本国国防工业，那么花费 GDP 的 2% 又有什么用处呢？如果一个国家本就不愿意派兵参与军事行动，那么花这 2% 又有什么意义呢？举个例子，希腊在国防上的支出超过其 GDP 的 2%，但它却很少参与军事行动。因为希腊军队的首要目标是牵制另一个北约盟友土耳其。这样的情形让我想起第二次世界大战时中国将领告诉他的美国军事顾问的话：为什么我要把我装备精良的军队用来

---

① 指 2014 年克里米亚危机。2014 年 3 月，国际承认属于乌克兰领土的克里米亚，被并入了俄罗斯联邦。自 2014 年 3 月 18 日并吞之后，俄罗斯事实上接管了该领土，建立了克里米亚联邦管区，下设两个联邦主体——克里米亚共和国和塞瓦斯托波尔。

第六章　欧洲防务甚或是一支欧洲军队

对付日本人呢？我可不愿意冒险以至于失去它！

问题是，如今在国防事务的讨论中，人们十分痴迷于2%准则。虽然北约官员一直强调，重要的不是你花了多少钱，而是你花在哪里以及为了什么目的；威尔士峰会也重申，无论一国在国防上花费多少，应该保证其中的20%分配给投资；但即便如此，所有人还是只注意到了2%这个目标。包括特朗普这个长年保持橙黄发色并打着红色领带的人，就十分痴迷于此。美国国会中的民主党和共和党人都乐于看到欧洲人在防务上花更多钱，所以历任美国总统都会盯住2%这个标准。由于缺乏自己的战略工具，欧洲始终保持着对美依赖，如果我们未能达到这一军费增长的目标，美国总统就可能随时施加压力。目前的美国当权者并不会优先考虑欧洲的利益，除非他的顾问们能劝得住它，否则他不会介意"惩罚"我们。

比如，美国轻易就可以减少其在北约常规预算中的份额，今天这一比例达到了22%。这笔预算用于资助布鲁塞尔的北约总部、包括欧洲盟军最高司令部在内的北约指挥机构以及所有后勤保障系统和基础设施。虽说这不是一个很大的数额（2017年为22亿欧元，尽管这已经与比利时国防预算的总体规模相当），但美国份额的减少，既不会危及美国的领导地位和声望，又将向欧洲发出明确信号。美国人也可能以更严厉的方式发出信号：下一次欧洲人若想在其周边发起一项军事行动时，在不属于《北大西洋公约》第5条款①的情况下，美国可能会拒绝部署其战略工具。或者他们可以把部署这些战略工具的账单发给我们：你需要我飞行这么久的时间并动用这么多的空中加油机？没问题，我们会把账单一同发来。事实上，在2011年利比亚行动期间美国人不是没考虑过这个做法，只不过最终没有采用罢了。

---

① 北约第五条款（Article V）：要求签署国承诺"针对任何一个成员国发动的武装攻击应被视为是对全体成员国发动的武装攻击"。

欧洲人确实接受了威尔士峰会定下的2%的目标。但或许他们本不该接受，即便对于达成2%目标的要求并没有大家想象中那么严格。当时在首脑峰会上，只有比利时发出了警告，因为比利时彼时由看守政府执政（这种情况往往会发生在这类政府身上）。即将离任的总理埃利奥·迪吕波说，他无法代替他的继任者作出承诺。其他欧洲盟友听到这话的反应都是：愚蠢的比利时人！根本没有人觉得自己会信守承诺，只是你不必告诉美国人——只要签字并微笑就好了，至于2024年，那是很久以后的事了。问题是像历任美国总统一样，会上的这位美国总统非常看重2%的目标。那么欧洲人就不能光说：亲爱的美国朋友，我们已经认真考虑过了，但我们不会为了2%的目标而努力。

欧洲人可以且应该说的是：亲爱的美国，我们要做的不是将国防开支增加到GDP的2%，而是花不到2%的钱，整合我们的武装力量，达到事半功倍的效果。

军事主权

国防仍然经常被视为国家主权的最后堡垒。这其实没有什么意义，因为除法国和英国外，欧洲的军事主权是一种错觉：除了英国和法国之外，没有一个欧洲国家有能力独立开展重大的军事行动。正如对利比亚的干预行动所证明的，即使它们倾尽全力，倘若没有美国的支持，在启动时就会遇到很大困难，更不用说达成既定目标。

今天，军事主权对一般欧洲国家意味着什么？它仍然具有消极主权，意即国家有一切自由不做什么。但这也只是相对而言而已。让我们考虑一下北约在阿富汗的干预。哪个国家可以这样对美国人说："阿富汗？它离我们很远，我们不认为我们在那里有什么损失——所以我们不想加入这次行动"？确实，理论上可以不参与，但任何欧洲盟友都会为这样的特立独行付出沉重的政治代价和经济代价。对大多数（如果不是全部）欧洲国家来说，参加或不参加哪些行动的选择权，从它们选择加入北约和欧盟的那一刻起就受到了限制。一般欧洲国家的积极主权，如自主采取行动的能力，根本不存在。在比利时，只有一项行动是可以不依赖其他国家支持、完全独立进行的，那就是每年7月21日的国庆阅兵。这是一次大规模的行动，有包括陆、海、空军在内的数以千计的联合部队参加，而我们只需要一个美国人就可以完成这项行动：一个前来观摩的美国大使，和他的外交团队。不过，比利时的军事主权也就到此为止了，而其他大多数欧洲国家的军事主权也大抵如此。进一步说：采用欧元的欧盟成员国的国家预算，包括国防预算，必须经过欧盟委员会的批准才能实施。那么我们所说的这个著名的主权究竟指称什么呢？

但实际操作时，欧洲国家的防务政策仍然严格局限于国家层面。在这个时候，各国就会忘记它们是欧盟或北约的成员。在决定国防计划时，各国闭门讨论，几乎只在国家范围内决定投资或终止哪些项目。计划一旦讨论完毕之后，才与欧盟和北约成员国共享。唯有此时，一些（甚至都不是所有）国家才会探讨有没有与其他国家合作的机会。但那时国家已经制订好了计划，许多合作的机会便就此失去了。这种政策模式在冷战时期是奏效的——当时所有的欧洲国家都拥有数量大得多的武装部队，这些武装力量规模庞大，而每个国家都有能力维持。但那是超过四分之一世纪以前的事了。今天我们面临着碎片化和重复化的局面。只有整合才能阻止这种情况的发生。

军事一体化：战略工具

一体化比合作更加深入。所有欧盟和北约成员国长期密切合作，以确保武装部队的互用性，这意味着它们可以一起参加多国军事行动。这是必要的，但还不够。在21世纪，需要有效的军事一体化：

协调和整合国家的军事能力。

首先，欧洲国家应该将它们制定国防计划的模式颠倒过来。欧盟成员国应该如同它们有一支统一的武装部队一样，首先起草一个共同防御计划，而不是首先制订本国国防计划。其次，它们才能在国家计划中概述它们各自国家对共同计划的贡献。所有欧盟成员国加在一起，可以发挥陆、海、空军的全部能力，但并不是每个国家都必须对军队的各项能力都做出贡献。较大的成员国可以为几乎所有的能力领域贡献力量，但较小的成员国可以自由选择。

这样一个整合在一起的欧盟防务能力计划的目标是：打造一支能够实现上一章所述的欧盟军事抱负的综合力量。一支统一的欧洲部队应该可以通过北约以及非欧盟盟国，根据《北大西洋公约》的第5条款进行自卫；同时，在非第5条款的情形下开展对外军事行动。当然，它也应该有能力自主开展欧洲对外行动（并在适当的时候为我们自己的领土提供防御）。一旦欧盟成员国的防务计划得到整合，其实际的防务能力也可以在两个层面上得到整合。

大型战略能力是各国所需的，拥有这种能力能够在境外部署部队并投送武装力量。从军事抱负的角度看，欧盟成员国应在不依赖欧洲以外势力的前提下，及早地、集体决定它们开展自主行动所需的战略工具以及这些战略工具的数量。这样，它们可以共同设计、制造并获得所需的平台（无人机、飞机、卫星等）。

战略工具是最亟须的，因为在这个领域，我们（对美国）的依赖是最大的。从某种意义上说，它也是政治上最可行的领域，因为它并不是战斗能力，而是提供关键保障的能力。例如，欧盟正在开展一个军事通信卫星项目，它同空中加油项目一样，都是政治敏感度较低的。但同时，这些项目又是有政治性的，因为这些领域中的每一项都耗资巨大，而欧洲人只能负担得起各领域中的某一个项目，且还只能委托给一个国防公司财团来操作。因此，如果每个成员国还继续保护

第六章 欧洲防务甚或是一支欧洲军队

自己的国防工业,那么防务的一体化就行不通。旧有模式是"国内争冠"的模式:只有一家国防公司靠供应本国的需求从而生存下来。但现在,国家和政府都必须承认,这种模式不再是可行的。国内市场,即使是最大成员国的市场,都变得太小了。只有欧洲大财团可以上马有许多成员国参与的大型欧洲项目,这样才能获得足够数量的战略工具,从而使其在设计和生产新平台方面具有经济可行性。

在理想的情况下,会员国不应该停止集体采购新设备。一旦获得新的平台,最好不要在参与该项目的成员国间瓜分,否则将再次导致分散。更有效率的做法是,将所获得的平台集中起来,保持整体的能力,例如欧洲无人机群、运输机群、轮船舰队、欧洲卫星计划。这样一来,就只需要一个指挥中枢和一个管理结构,以及一个供应和维护结构,然后可以组织集体培训。想象一下,十几个欧盟成员国共同资助了一些无人机的开发和采购,此时每个成员国都保留对他所资助的无人机的所有权,但将它们集中在一个机队中无疑会便宜很多,而每个参与国在需要部署这些无人机时都有权限。从技术上讲,在年底时,计算出每个国家各自消耗这些工具的总量并相应分配成本,是完全可行的。将所有无人机的能力永久汇集起来,其可用性将会大大超过几个成员国各自行动的分散状态。

如今,位于荷兰埃因霍温的欧洲航空运输司令部正在朝着这个方向努力。EATC 在参与国家(法国、德国、意大利、西班牙和比荷卢经济联盟)间协调运输飞机的使用。遵循的原则很简单:举个例子,比利时的飞机必须在金沙萨[①]装载货物,而法国的飞机则必须在邻国的布拉柴维尔[②]装载。EATC 将确保一架飞机将货物运送到布拉柴维

---

① 金沙萨(Kinshasa),原名利奥波德维尔或利奥波德城,是刚果民主共和国(刚果金)的首都和最大城市,1885—1964 年为比利时在非洲殖民属地。

② 布拉柴维尔,是刚果的首都和最大城市,与刚果(金)首都金沙萨隔河相望,1884—1960 年为法国在非洲殖民属地。

尔，然后在金沙萨接收其他货物，这样就避免了调用两架飞机在出发或返程航班上空载的情况，节约了成本。未来，EATC 还可以深化其功能：除了协调飞行外，维护、供应和飞行员培训等领域都可以合并起来。

这种合作将提供系统性的环境，使未来欧洲可以为其战略能力需求开发出单一平台。就好像是一架战斗机，而不是几架相互竞争的战斗机。今天的情况就像后者：法国达索公司（Dassault）研发的"阵风"（Rafale）战斗机，瑞典萨博（Saab）公司研发的"鹰狮"（Gripen）战斗机，以及英—德—意—西共同组成的欧洲战机公司（Eurofighter）研发的"台风"（Typhoon）战斗机，这些研发让上述国家耗资甚巨。每架飞机的制造成本在上涨，但欧洲市场逐渐饱和，让这些公司很难收回投资。反观美国，洛克希德·马丁（Lockheed Matin）公司研发的 F35 联合攻击战机在美国本土市场就已经收回了投资，成为欧洲飞机的强大竞争对手。陆地平台也是如此：几个欧洲国家正在开发二十多种不同类型的军用车辆，就好像它们要把这些当作民用车出售一样。实际上，欧洲市场已经变得太小而无法消化这么多不同的车辆类型，而且并非每个国家都需要自己的车型。

开发新的高科技平台需要很长的时间。如果几个欧洲国家现在决定研发一架新的战斗机或护卫舰，它可能要花二十年才能投入使用。因此，时间不容浪费。如果我们想避免今天这样的局面，现在就要做出决定。

军事一体化：作战单位/部队

如同战斗机的例子所表明的，欧洲军事一体化应该不只局限于支持保障性的战略工具。欧洲人应该更多地将他们的作战部队（陆海空军）以永久性多国联合的形式驻扎在一起，处于多国联合指挥部的领导之下。在永久性多国部队中,实战单位完全可以保持国家属性:步兵或坦克营、战斗机中队、护卫舰的士兵清一色从某个成员国选拔。但是,所有保障性系统(供应、维护、教育和培训)可以合并起来,或者进行分工。这意味着这些领域的国家结构将被废除:新的多国结构必须取代国家结构,而不只是在国家之上又添上一层结构。以这种方式,欧洲的防务努力将会变得更加经济有效。

比利时与荷兰的海军合作是现成的例子,它表明了合并与集中、分工与专业化如何在现实中统一起来。这两个国家都派出护卫舰和扫雷舰,尽管这些舰艇要么插着比利时国旗、由比利时人驾驶;要么插着荷兰国旗、由荷兰人操控,但它们只有一个联合总部和一个海军作战学校,都位于登海尔德(Den Helder)的荷兰海军基地。荷兰负责海军护卫舰的所有训练、维护和补给,而比利时负责扫雷舰的相应方面。而且,比利时和荷兰已开始合作驾驶舰船。这种军事一体化如今已走得很远,以致难以归零了:理论上或许可以,但实践中已然不行,因为比利时和荷兰都没有办法重建军队中的国家结构并重新单独行动——在目前的模式中,它们已不再单独执行任务,甚至可以说根本没有单独执行任务的情况了。为了顺应这种一体化程度,布鲁塞尔和海牙将来应当购买同样类型的船只,这实际上也是它们正在计划的。这种一体化模式影响非常深远,为两国节省了大量资金,却又在部署海军能力方面让两个国家都保持了巨大的回旋余地:如果比利时决定派遣一艘护卫舰参加欧盟海军"阿塔兰特"(EU Operation Atalanta)行动,①荷兰绝对不必也派出一艘舰船。但是无论这两个国家中哪一个派了舰艇,所有保障系统的人员都得做好本职工作。

相同的模式同样适用于空军。再以比利时为例:2014 年,比利时政府决定购买 34 架新飞机来取代 F16 战机。在选择购买哪种飞机

---

① "阿塔兰特"行动是欧盟在索马里沿海的反海盗行动。

时，一个重要的考虑因素是：遵循比利时—荷兰海军一体化的方式，比利时可以与哪些拥有同型号飞机的伙伴国整合战略能力。每个国家都可以派出一些飞机，在飞机尾部标上国旗，由本国飞行员驾驶。但这些飞机的基地可以更为集中，维修和支援系统可以合并起来。通过这种方式，比利时等小国可以更有效率地维持其空军的作战能力。

该模式也为小规模陆军提供了解决方案。接着说比利时的例子：比利时政府的"2030年战略愿景"（Strategy Vision 2030）计划是保持目前的7个营——1个中型旅的4个摩托化步兵营，以及2个空降突击营（paracommando）[可能会改造为游骑兵（ranger）]和1个轻步兵旅（light infantry in a light brigade）。但武装部队人数减少到25000人的同时，又要确保地面部队（Land Component）的所有支援能力（工程师、后勤、通信等），这可不是那么轻而易举的事情，事实上这是非常困难的。因此，就有一种方案出现：将比利时地面部队纳入了一个更大的多国体系，比利时向其派遣7个机动营，而支援系统可以由体系内的集中化与专业化来保证。通过这种方式，比利时就不再需要全方位的支援部队，还可以保持有效的作战能力。进一步的结果将是，所有参与国可以花更少的国防预算用于支援系统，这样就有更多的资金用于投资和实际的军事行动中。

由比利时、法国、德国、卢森堡和西班牙参与的欧洲军团是一个完美的框架。这可能是多国军事合作最知名的例子之一，但目前的整合其实并不深入。事实上，今天的欧洲军团可以称之为一个多国地面部队的总部，可以开展地面行动，但没有被派驻到这里的常驻部队，因此参与国的地面部队之间并没有深入地一体化。欧洲军团并不是唯一的例子：欧洲各成员国之间有许多合作的框架，但仅有少数达到了有效整合。

欧洲应该使用这些多国机制作为整合框架，为每次军事行动部署力量。然而，这个合乎逻辑的设想事实上却很少实现：每个国家规划

第六章 欧洲防务甚或是一支欧洲军队

自己的国防事务,然后与一些国家合作以发展自身军事实力,之后再同另外一些国家一起临时开展行动。在未来,各国应该在同一个框架内进行防务规划、能力发展和作战,这会变成一个良性循环:不仅是国家的武库和实战经验得到了提升,而且它们的战略思想也越来越协调一致,从而实现更深层次的一体化。

军事一体化将使大大小小的所有欧洲国家受益。较小的国家(也就是欧洲大多数国家)都在相关性方面获益。通过把军事力量集中在更大的多国架构中,它们不必再独自发展各种支援能力。这就使它们能够进一步培养和部署关键战斗部队,这将直接转化为国家在决策桌上的影响力。而且,大多数小国能以更节约、更有效率的方式维持陆海空三个部队的战斗能力。也许较小的欧盟成员国不必发展每个领域的能力,但维持每支部队至少一种可部署的作战能力是必要的,因为这样就可以使这些政府能够随时为它们想参与的行动做出贡献。如果一个国家废止了其部队的特定作战能力,当参与某项集体行动时,它将陷入无能为力的窘境。以打击"伊斯兰国"的空战为例:一个没有战斗机的国家要如何为这次行动做出贡献呢?心有余而力不足是非常难受的局面,会导致政治影响的迅速丧失。欧洲国家之间的责任分担并不仅仅意味着各国力所能及的财政支持,而且意味着各国共担风险——因此必须部署作战部队。

这些多国合作的架构核心应当由大国构成,以使较小国家可以参与,但大国也从中获益。例如,像法国这样的国家,仍然具有较强的军事抱负,而它又承受不起维持其高强度行动节奏所需的战略工具。但如果其他欧盟成员国参与进来,欧洲可以集体购置战略工具,既能够支持单个或多个国家的行动,又能使欧洲国防工业更具竞争力和整体性。

就像欧洲一体化的其他领域一样,军事一体化实际是要恢复而不是放弃国家主权。通过集中主权,欧洲各国将集体找回大多数国家早已失去的行动能力。既然如此，那它们还等什么呢？

欧盟委员会的角色

欧洲的集体防务不是件新鲜事。自 1999 年以来，欧盟一直在追求自己的防务政策，甚至还研究出了方案来集体解决防务中的问题。但 20 年过去了，成员国的进展依然缓慢。与此同时，欧洲的军事力量进一步下降，因为预算（在 2016 年以前）和部队规模持续下降，而武器和装备变得越来越昂贵。最初，为应对挑战，有些国家试图在每个领域各削减一点预算来勉力维持各项军事能力；而多年之后，很多军事能力已经降至最低限度，这种做法也难以为继。结果，政府经常抉择的不是要缩减哪个领域的资金，而是把哪个领域的能力彻底的抛弃。人人都知道，只有深层次的军事一体化才能扭转这种颓势，但没有人敢迈出第一步。如今，大多数欧洲国家再次提高国防预算，因此应该充分把握这个机会，利用好增长的预算，采取集体性的行动。

那么，什么才是新鲜的、不同以往的呢？答案是欧盟委员会在防务领域发挥的强有力的作用。传统上，委员会的作用仅限于监管国防市场，就像监督市场运作和其他部门的竞争一样。但 2014 年欧洲选举以来，由主席让—克洛德·容克领导的委员会已开始积极主张欧洲的集体防务。2017 年 6 月，欧盟委员会公布了欧洲防务基金（EDF）的详细计划。一方面，委员会将在下一个预算期间（2020—2027 年）为国防研究提供每年高达 5 亿欧元的资金，而且从即日起到本预算结束期间（至 2019 年），每年提供 9000 万欧元。国防研究并不会直接提高军事能力，而是旨在开发新技术，并在适当的时候用于未来的装备上。

另一方面，欧洲防务基金还计划从 2020 年起为实际军事能力项目每年提供 10 亿欧元的资助，即用于开发和采购新设备（2019—

2020 年计划共资助 5 亿欧元）。欧盟委员会力求产生乘数效应①：它不资助单个国家项目，但共同资助多达 20% 的多国项目，这些项目由至少两个成员国和三家公司参与，并且针对的是欧盟所指出的关键的防务短板。很显然，这些资金最终来自成员国，由它们缴纳欧盟预算。通过集体国防预算的形式（即成员国共同资助），委员会代表成员国统一管理防务工作，各国也能从欧盟获得资金来研发军事能力，这在历史上还未有先例。但前提是成员国应相互协调、集体投资，并将资金用于建设欧盟所需的军事能力，这也是欧洲防务基金能够物尽其用的内在要求。

当然，是否投资、在哪里投资的最终决定权仍掌握在成员国手里。也就是说，欧洲防务基金的成败完全依赖于各国的政治意愿。（但即使如此）这也是欧洲防务领域非常重要的一个新元素。就在不久之前，这种共同的基金甚至还没人讨论——而现在，由于委员会的推动，它已准备好实施了。

需要事先声明的是，如果成员国走上这条道路并有效开展起集体军事能力项目——首先获得战略工具，其次整合战斗单位——这并不意味着它们可以在防务上花更少的钱。但从长远来看，整合后的防务工作将赋予它们更多的军事能力，并能用同样的钱开展更多的行动。在有关欧洲防务的讨论中，许多人似乎不能或不愿意理解这一点。而在成员国国防的讨论中，又有人以为欧洲防务可以取代国家防务，因此国防预算可以省下来。欧洲防务当然不是天上掉下的馅饼，而是各国国防参与和融合的结果。如果这种整合能有效地组织起来，就可以达到协同效应和规模效应，取得一加一大于二的效果。但零加一永远

---

① 乘数效应（Multiplier Effect）是一种宏观的经济效应，指经济活动中某一变量的增减所引起的经济总量变化的连锁反应程度。区域经济发展中它的概念：指通过产业关联和区域关联对周围地区发生示范、组织、带动作用。通过循环和因果积累这种作用不断强化放大、不断扩大影响。即经济活动中某一变量的增减所引起的经济总量变化的连锁反应程度。

等于一，不做出贡献也就无法参与欧洲的项目，如果一个国家参加进来却不做任何贡献，那它又能产生多少附加值呢？

所有欧盟成员国都必须向欧洲防务缴纳适当的资金。GDP之2%的目标可能不是很合理：如果且只有欧洲将防务切实一体化，这个目标就不是真的必要。但各国的最低国防预算也要有限度：GDP的0.9%的预算（这是比利时国防开支下降时的水平）也是不合理的，因为它不足以保持一支随时待命的军事力量并吸引其他成员国与之合作。比利时的案例可以作为一个警告，因为其国防预算缩减之巨，甚至让处在同一合作框架内的伙伴都开始怀疑。奇怪的是，比利时一直处于欧洲防务讨论的最前沿，由于欧洲国防实际上已经开始落实，因此比利时应该参与进来，甚至要发挥领导作用。

难　题

如果欧洲国家如上所述开始军事一体化进程，那么也仍然不会直接产生一支欧洲军队（严格来说，是欧洲的陆、海、空、军）。恰恰相反，不同的组织能力将产生一个复杂的难题。

战略工具是最有望实现真正一体化的领域，因为只有当足够多的成员国愿意购置足够多的战略工具时，军事工业才能发展并创建起来。就目前来看，欧洲有可能组建一支统一的运输机队和无人机队，一个统一的卫星计划等。其中，每个系统都有一个相应的用于维护、补给、训练、指挥和控制的统一结构，这就要求有10—15个成员国的参与。参与国在开展行动时有权调遣这个集体队伍。除了大型战略工具集群，成员国也可以组成较小的，部分重叠的集群，把它们的作战部队纳入更大的多国队伍中，同时整合保障能力并/或组织分工。以比利时为例：比利时无疑将继续与荷兰的海军一体化，但可以将其地面部队与法国、德国、卢森堡和西班牙组成一个更加完整的欧洲军

第六章 欧洲防务甚或是一支欧洲军队

团。它也可以通过购买不同的战斗机,将空军与一个或多个伙伴进行整合。无论如何,大多数成员国最终都可能将其所有军事能力统一于一个多国整合框架中。只有最大的成员国,特别是法国,才能够独立维持自己的国家军事能力,但即使如此,它们也将越来越依赖于它们再也无力独自承担的集体战略工具。

军事一体化可以各种名义开展起来。两个或两个以上的国家可以达成合作协议,就像比利时和荷兰的海军合作那样——这种合作甚至也扩展到了防空领域(两国如今一起捍卫自己的空域)。这种合作发生在欧盟或北约正式框架之外,但由此发展出的军事能力可以服务于联合国或特定的联盟。各国还可以在北约框架内进行合作,集体开发机动雷达系统:机载预警控制系统(AWACS)。然而,北约实际上在多国能力开发方面并没有那么多的经验。北约的重点仍然在单个盟国身上;每个成员的军事能力目标的总和必须达致北约整体军事抱负的高度。

但欧盟更适合进行集体能力开发。毕竟,防务工作的分散化是欧洲要解决的问题,这个问题必须通过一体化来解决:比利时地面部队可以与其邻居融为一体,它可不会与美国军队融合。此外,《欧洲联盟条约》(Treaty on European Union)也规定了具体的防务机制:常设结构性合作(Permanent Structured Cooperation,PESCO)。该机制由2009年生效的《里斯本条约》提出,但最初并未采用。其设想是让一个核心的成员国集团在它们之间达成具有约束力的标准,并在欧盟的支持下、利用欧盟机构之便,更密切地整合它们的防务工作,更迅速地发展出更多的军事能力。

英国脱欧公投和特朗普胜选重新激起了人们对这一机制的兴趣。法国和德国,同意大利和西班牙一起,加快了落实 PESCO 的步伐,提出了 2017 年夏天实施的详细提案。截至 2017 年 12 月,28 个成员国中已有 25 个国家(对 PESCO)表示赞成:除了即将离开的英国,和不参加"共同安全与防务政策"（CSDP）的丹麦和马耳他。如此一来，PESCO 已不再是小部分核心国家集团组成的小组，这使 PESCO 的未来更难以预见，因为在 PESCO 内部，所有的决策都必须由一致通过来决定。最早公布的十五个军事能力项目与宣布启动 PESCO 的决定都表明了这些缺陷，因为尽管大多数项目都会被实施，但无论是通过 PESCO 还是完全抛开 PESCO，这些战略缺陷都没有解决。PESCO 以前所未有的速度启动，但之后的起步落实却相当缓慢。从好的方面来说，参与国现在有义务在实质上增加国防预算，以达到"商定的目标"。这个目标是什么却没有明说，因为大家都知道，很多成员国都达不到北约所定下的"国防开支占国内生产总值2%"的目标，但问题是，签署了北约的目标之后，就很难再签署欧盟的目标，认为1.5%就够了。

更重要的也是更为现实的、并且明确被提到的是，将20%的防务预算用于投资的承诺。首先，投资是启动 PESCO 的关键。其次，这迫使那些如今花费三分之二甚至更多份额用于薪金的国家增加国防开支。而欧洲防务基金（EDF）的资助也使参与国更有动力来履行这项承诺（如果在 PESCO 框架内，委员会可以共同资助项目费用的30%，而不是20%）。一些专家小看了这一点，认为每年10亿欧元[①]与欧盟28国在防务上花费的2000多亿欧元相比并不算多。但若与用在投资的450亿欧元（除开英国则是350亿欧元）相比，这是相当可观的数额。如果它被用来启动几个重点项目，它确实可以影响参与国的决定。此外，在 PESCO 框架下，各国将多国项目视作默认选项，并仅在没有其他选择时才启动国家的项目。

鉴于欧洲需要战略自主性，欧盟选项无疑是最合乎逻辑的。它也会产生最合理的结果。如果欧盟成员国将其能力整合到欧盟框架内，

---

① 指欧洲防务基金2020年起每年10亿元用于开发与购置新设备的资助。

一个欧洲军事支柱将会出现：战略方向由欧洲大战略引领，并指导欧洲的外交政策、贸易政策、发展政策，等等。这个欧洲支柱可以与非欧盟盟国一起在北约指挥下运作，但必要时也可以单独运作。这也符合欧盟长期视角：承担起自己的领土防御责任，并最终在欧盟和美国之间缔结新的联盟。

然而，重要的不是以什么名义开展，而是欧洲切实有效的军事一体化。欧洲国家必须放弃一切禁忌，做出真正共同的防务计划，废除无用的结构，合并保障系统和/或组织分工。目标很明确：解放做事的方式来创造额外的能力。如果 PESCO 最终只沦为一个新标签、而成员国不改变它们的做事方式，我们可能不会启动它。但如果 PESCO 能够实现真正的整合，超越目前的合作范围，那么它可以成为有效的欧洲防务支柱的开端。

第七章
英国脱欧，战略及欧盟：英国离开

当我还是个孩子的时候，被问及成大后想成为什么样的人，我不像许多同龄人那样，我从来没有想成为消防员或卡车司机。很多年以来我的回答都是：我想成为一名英国人。长大后，我变得更加理智，但我仍然认为自己是一个亲英派——尽管历届英国政府都让我失望。因此，当英国脱欧，我绝对没有幸灾乐祸（Schadenfreude）。英国脱欧对欧盟是一个坏消息，对英国也是一场灾难。在外交政策和防务领域，英国脱欧对布鲁塞尔和伦敦的影响将非常深远、成本也非常高昂。

起 初

想象一下如下场景：比利时人希望与欧洲有更多合作——但它只能是政府间合作，而不是超国家合作，而且必须在英国领导下进行。美国人想要一支欧洲军队。法国人不想要一支欧洲军队。而英国人，他们想要北约。这可不是虚构小说，而是第二次世界大战后第一个十年的故事。

比利时人相信他们一直是欧洲一体化的最有力支持者，但这只是

第七章　英国脱欧，战略及欧盟：英国离开

一个迷思。在 1945—1955 年，比利时确实寻求加强合作，但它从超国家主义中退缩，从有效的统一主权中退缩。它担忧在这样一个设定里，法国和德国将永远支配其他国家。诚然，比利时在 1951 年加入了欧洲煤钢共同体（ECSC）——欧洲经济共同体的前身，但实际上它当时已经开始努力限制该组织的超国家性质。直到 20 世纪 50 年代中期，该国的政治精英才意识到，超国家主义实际上对较小的国家有所裨益，因为它们一开始的权势就有限，而统一的主权制度下，它们的牺牲远远小于大国。

美国人早已忘记他们最初是 1950 年法国"普利文计划"的强力支持者：主张通过欧洲防务共同体（EDC）建立一支欧洲军队。第二次世界大战后，美国首先不打算继续对西欧的安全负责。华盛顿方面打算解散大批军队，让欧洲人独立自主。这是马歇尔计划中经济援助与欧洲合作的义务相挂钩的一个原因。美国对联盟的兴趣不大，更不用说任何主动的协助义务——不得不插手两次世界大战，美国人已经受够了。美国对于欧洲防务共同体有更多的热情，因为这让欧洲人能够自己保卫自己。此外，建立欧洲军队还有另外一个好处，就是在不用重建德国军队的情况下能重新武装德国。战后不久，重建德国军队的事情会让其他欧洲国家非常敏感。

法国人则选择性地忘记了他们曾滥用美国的这种热情来敲诈美国。华盛顿一直表示，它打第二次世界大战并不是为了让欧洲人维持它们的殖民帝国。然而，在战争结束时，法国无视美国的建议，并重新接管战争期间被日本占领的法属印度支那（现在的越南，老挝和柬埔寨），由此引发了血腥的战争。法国以退出欧洲防务共同体为要挟，迫使美国向这场战争提供更多的军事支持。直到在奠边府战役中（在 1954 年）遭受重大失败后，疲惫不堪的法国才从亚洲殖民地撤退——并放弃了欧洲防务共同体：EDC 条约已经签署，但法国议会拒绝批准。此时，第二次世界大战期间盟军总司令艾森豪威尔出任美国

总统，希望法国人继续留在印度支那。美国还提出了"多米诺骨牌理论"：如果第一张骨牌会倒下，越南会转向共产主义，那么下一个国家很快就会屈服，直到整个地区被共产主义统治。但这些都无济于事：欧洲防务共同体事实上已经死亡并被埋葬，美国人也最终在越南发起了自己的战争，其结果我们都知道。

英国人也是欧洲合作——不包括它自己在内——的强力支持者。英国有自己的算盘。英国经济被第二次世界大战消耗得疲惫不堪，帝国辉煌已逝（印度——"王冠上的明珠"，1947年获得独立），英国因此从根本上改变了大战略：英国不再是独立的全球性角色，而选择做美国永久的（英国认为也是非常必要的）盟友。英国说服美国，一个永久性的联盟——北约——是必要的，作为战时联盟的延续，这是英美"特殊关系"的开始。在战争期间，英国的地位一开始是主导性的，但随着美国巨大的战争潜力动员起来，两国关系出现了反转。战争结束后，美国成为唯一的西方超级大国，英国则远远落后（尽管它也有了原子弹）。诚然，英国参与了欧洲的合作，但这仅仅因为，美国将其作为推动北约成立的先决条件（在1949年）。最终，英国仍处于欧洲一体化的主流之外：欧洲煤钢共同体（ECSC，1951），流产的欧洲防务共同体（EDC，1954）和欧洲经济共同体（EEC，1957），都见不到英国的身影。

乍一看，英国似乎总是保持一贯的立场，但这也是一个迷思。英国希望成立北约，是要确保美国持续参与——保障欧洲的安全。"把俄罗斯排除在外，让美国参与其中，并让德国处于下风"，这就是第一任秘书长伊斯梅尔爵士（Lord Ismay）总结的北约宗旨。英国非常清楚，一个强大而安全的英国必须由一个强大而安全的欧洲来保障。这就是为什么它支持西欧其他国家之间的合作，尽管当时它并没有加入它们主要的合作项目。在1945—1955年，英国并没有使自己远离欧洲。它刚刚打了一场大仗，把欧洲从纳粹手里解放出来；它也在保

第七章 英国脱欧，战略及欧盟：英国离开

卫欧洲，只是选择了一个跨大西洋战略，而不是仅以欧洲为中心的战略。这个态度与2016年6月英国脱欧者（Brexiteers）的反欧式立场完全不同。

假　象

有时候从表面来看，脱欧者之所以希望欧盟解体就是为了证明他们一直都是正确的。从他们的言辞来看，他们轻视诸如法国总统埃马克龙（Emmanuel Macron）这样的人，因为他具有亲欧洲热情以及政策上的亲欧议程。但脱欧者最主要的情绪也许是恐惧和不确定性。因为即使那些大声呼吁英国脱欧的人，实际上也不知道如果真的脱欧了该怎么办。到2017年年底，英国政府还没有更清晰的规划。听天由命的论调似乎占了上风，如同某保守党议员在一次研讨会上，被问及英国脱欧谈判期望的结果是什么时，他坦率地承认，他不知道英国该怎么做，但是因为"人民投了票"，所以别无选择，只能走一步看一步。许多人为了掩饰他们的恐惧或无知，于是夸耀"全球英国"和英国在世界政治舞台的独立地位，但这都只是自视过高或自欺欺人而已。

脱欧者错误地认为今天英国大战略环境与1945年相同，但实际上完全不同。1945年，大英帝国变为英联邦。今天，尽管英联邦仍然存在，女王也还是国家元首，但澳大利亚、加拿大和新西兰等国家的人口比70年前多很多（尤其是亚洲移民的迁入），与英国的情感关系更松散。在紧要关头，它们会优先考虑本国的利益，英联邦传统则退居其次。加拿大经济依赖美国，澳大利亚经济依赖中国，并且它们的安全都寄托于美国。如果说英联邦可以在英国的贸易和外交政策中取代欧盟，简直是天方夜谭。在军事方面，情况也今非昔比。英国加入第二次世界大战时，皇家海军拥有1400多艘舰艇。今天它甚至不足一百艘。无论从绝对数量还是相对数量来看（与其他大国相比），今天的英国与 1945 年的它相去甚远。

当然，英国仍然是一个重要的国家，但它不再是一个强国了。英国是联合国安理会的常任理事国，也是世界七大经济体俱乐部 G7 的成员，但法国同样如此，加拿大和意大利等国也是 G7 成员，可没有人会觉得这些国家能单独在世界政治中扮演重要角色，甚至这些国家自己都不这样想。如今的强国是具有大陆规模的国家，或者是联合起来达到这个规模的国家：比如美国、中国、俄罗斯和欧盟。况且，世界体系的重心正在转移到亚洲，在那里即使整个欧盟也难以发挥影响。没有任何一个亚洲国家会对单个欧洲国家的新举措有任何期待。诚然，中国已经表示愿意在英国脱欧后与其商讨新的双边贸易协议，但新条款与中欧贸易协定的条款不同，也就是说，它将会是对北京更有利的条款。结论是显而易见的：英国作为独立强国的政策选择已不复存在。

脱欧者不想看到这样的局面。他们不愿相信，就算第二次世界大战刚结束时，脱欧也并不是英国的现实选择。在希腊内战（1946—1949 年）期间，伦敦就不得不请求华盛顿在希腊承担军事义务（即支持反共阵营），因为伦敦已经无能为力。这也就是战后英国已经没有独立大战略的选择的原因，它只能作为美国的永久副手存在。1956 年苏伊士运河危机是英国、法国作为独立强国最后的挣扎。彼时这些国家已经武装占领运河地带，却被美国一纸召回，适时撤退。

英国脱欧后唯一的选择是，重回 1973 年之前未加入欧盟时的状态，也就是做美国的"副手"，这是英国唯一能扮演的重要角色。脱欧者当然指望保持与美国的"特殊关系"，但问题是，美国愿意让一个权势中落的国家当自己的副手吗？

假设美国打一场有限战争，除非出于政治考虑，它并不需要英国帮忙，因为美国有能力不依靠盟友和伙伴的帮助向全世界投送军队。

第七章　英国脱欧，战略及欧盟：英国离开

而如果美国打一场重大战争，比如跟中国开战，那英国也帮不上忙，因为它力量太弱。英国对于美国的重要性就在于它是欧盟成员国，它的作用在于保证欧盟不会太偏离华盛顿的指导方针。在这方面英国做得很好，尤其是不断阻碍欧洲防务的自主结构的形成，这导致如今欧盟仍然在防务体系的构建上难有掌控力，而欧洲防务局（EDA）也没有获得发挥其作用所需的预算。英国也是土耳其入欧、欧盟东扩的最有力倡导者。在欧盟深化优先（更深度地一体化）或扩张优先（接纳更多成员国）的战略讨论中，英国的意见占了上风——然后英国就退欧了。因此，华盛顿失掉了它在欧盟内最紧密的盟友，英国也就很大程度失掉了对美国的吸引力。

要保持对美国的吸引力，除非英国政府与接受英国脱欧的特朗普联手，并积极破坏欧盟。英国可以通过与个别成员国的双边协议来破坏欧盟集体决策。也许这就是脱欧者的愿望，就像一些脱欧者向往美国的社会模式一样。然而，这种模式取消了福利国家制度，为富人减税，破坏政府的未来运作，而且越来越少地帮助那些处境艰难的人。这大概是投票赞成脱欧的大多数人都没有想到的。

但这种反欧盟的政策风险很大，更会直接与英国的利益相抵触，也会违背几个世纪以来的英国大战略：一个欧洲大陆的稳定是英国稳定的先决条件。只要没有来自欧洲的直接威胁，英国就可以专注于它的帝国和全球角色。因此，英国曾定期在欧洲大陆进行干预，并且在恢复欧洲均势上起到过决定性作用，这个作用从西班牙王位继承战争（1701—1714年）延续到了第二次世界大战。一个强大的欧盟可能乍看起来不符合英国人的需求，因为在以往，恢复均势意味着阻止一个强大的国家单独统治欧洲大陆。但是，欧盟是独特的，因为它是自愿让渡一部分主权的国家联合起来的结果，而不是像路易十四、拿破仑、威廉二世和希特勒那样试图统一欧洲。今天，如果欧洲再次发生战争，很可能就是因为欧盟的解体，如此一来，英国就会不可避免地

卷入战争。如今，一个（自愿）统一的欧洲比国家间均势更符合英国的利益，这是历史上前所未有的。

选择离开欧盟，英国可能反倒对欧盟比对美国更有用。如果英美"特殊关系"延续下去并且英国在华盛顿的影响力超过其他欧洲国家，那么英国或许可以中和特朗普对欧洲和世界的一些古怪的看法。这种尝试显然也是值得的，因为同特朗普政府相比，欧盟的利益更多与英国的利益相重合。但是，特朗普是否真的会接受与他意见相左的人？只要他还在任期之内，对于英国和欧盟来说，"特殊关系"可能只是一种假象。

欧盟之外，北约之内

除了强调英联邦的重要性以及与美国的"特殊关系"之外，脱欧者也总是强调，英国仍然是北约的盟友，并将继续在欧洲安全方面发挥关键作用。但英国很快就会发现，在北约内它将无法继续扮演传统角色。一旦英国切实离开欧盟，它将一下子失去对欧盟安全和防务决策的影响力，从而也会失去很多对"欧盟—北约"关系的影响力。脱欧后，伦敦很快就会意识到，在欧盟进行的讨论中英国的意见不会再被自动听取。如果英国想要其意见被采纳，将不得不像其他国家一样进行游说。而英国阻止提案通过的举措将比提出建设性建议更难获得关注。英国与欧盟各成员国的双边关系依然存在，也不局限于同法国和德国的关系。但欧盟的决策有其自身的逻辑。最关键的问题是，你要么是它的成员国，要么不是。

由此看来，英国也将失去自己对美国的很多用处。脱欧将影响英国在北约中的地位。这也会影响英国在北约的人事安排。目前，北约的第二号首长、欧洲盟军最高司令部副司令是位英国将军。但如今对于这个职位的归属已经有所争论，因为欧洲盟军副司令要接管欧盟诉

第七章　英国脱欧，战略及欧盟：英国离开

诸北约的军事行动，那么该官员不应该来自欧盟成员国吗？

最重要的是，只要有欧盟存在，欧洲的政治中心就是欧盟而不是北约。无论英国参不参加，欧盟都会继续运转。只要法国和德国寻求"更紧密的联盟"（这是英国一开始就反对的欧洲条约中的术语），我们就会结成更紧密的联盟。法德轴心不仅仅是欧盟的引擎，更是其本质：欧洲一体化的进程恰恰是为了使法国和德国和解，并且建立一种伙伴关系，以防止第三次世界大战在欧洲出现。从这种地缘政治角度看，英国是居于欧洲一体化事业的边缘，而不是核心，因此这项事业没有英国也可以继续下去，但若法国或德国放弃，这项事业就会崩溃。

英国很多人似乎并不了解这一点，还幻想其他欧盟成员国会倾尽全力留住英国。但是对于欧盟创始成员国来说，这关系到重大利益，因此它们优先考虑的是联盟的存续问题。这一点本是英国早在公投阶段就应该明白的。最初，公投没有引起在布鲁塞尔的欧盟机构的太多关注。大家普遍认为英国人会投出"正确"的一票。但后来的迹象表明，他们有可能不会做出"正确"的选择、英国脱欧正在成为一种可能，布鲁塞尔于是迅速得出结论：我们当然不希望英国脱欧，但如果英国真的脱欧，我们也会继续欧盟事业。这个重要结论早在公投尘埃落定之前就已达成，这意味着脱欧者的幻想不可能变成现实。不仅仅是布鲁塞尔和创始成员国，而是所有成员国都会采取相同的立场，因为这是利益攸关的事：你不能指望退出俱乐部，还能享受身为俱乐部成员的福利，否则欧盟就不成其为欧盟了。鱼和熊掌不能兼得，这是所有英国人都应该知道的道理。

然而，许多脱欧者仍然觉得，布鲁塞尔和欧洲各国人民每天早上起床、每晚睡觉都在考虑如何解决英国脱欧的问题。毋庸置疑的现实是，欧盟的首要议题是——欧盟。自公投以来，欧盟讨论的重点就是欧洲事业的未来。英国脱欧首先是一个英国问题：英国自己选择了离

开,现在它必须自己探索前路。不让英国脱欧僭越成为欧盟主要议题是明智的。欧盟已经任命一个代表团代表欧盟与英国谈判,这样欧盟就能够专注于自己的未来——未来的挑战可不小。

欧盟之外,欧洲之内

但这并不意味着欧盟与英国之间不可能存在持久的紧密合作伙伴关系。在防务方面,双方肯定存在共同利益。英国分担了欧盟28国防务不下四分之一的支出,兵力则占10%。此外,在相对小规模的欧洲部队中占有很高比例的英国军队训练有素,经验丰富,能够进行远征行动。英国防务的质量也体现在,英国花费在每个士兵身上的投入约为15.5万欧元,而欧盟的平均花费为13万欧元。与法国一样,英国是欧洲领先的军事强国。因此,确保它继续为欧洲的安全做出贡献,这对欧盟的利益是非常重要的。

英国的军队不会突然消失:英国脱欧将至之时,英国的坦克不会因此变成南瓜,它的护卫舰也不会变成西瓜。虽然英国脱欧意味着英国将离开欧盟,但它仍在欧洲之内。对欧洲的任何军事威胁也将对英国构成威胁。因此,在防务领域的持续合作既符合英国的利益,也符合欧盟的利益。这也就是说,安全问题并不能作为脱欧者要挟欧盟、获得谈判优势的筹码。一些人认为,英国本就有权从欧盟获得更好的条件,因为它对北约的贡献超过了北约平均水平。但这显然是一厢情愿。北约和欧盟是互为独立的组织:在一个俱乐部付过钱,并不能因此让你在另一个俱乐部得到折扣。而且,欧盟是否也要多少奖励一下那些防务贡献超过欧盟平均水平的其他成员国(如希腊)呢?同样,英国放弃防卫合作的威胁也无法奏效。英国很难不为欧洲安全做出贡献,因为这与它自己的安全息息相关。如果对欧洲的某种威胁达到了需要军事应对的程度,那么英国也极有可能要参与应对。

第七章 英国脱欧，战略及欧盟：英国离开

当欧洲人参与作战行动时，他们越来越经常地在北约或欧盟正式框架之外的特设联盟中这样做（正如我们在第五章中看到的那样）。英国脱欧可能会加强这一趋势。在欧洲两个主要军事强国中，虽然英国不再是欧盟成员国，但法国不会突然转向北约来部署行动。同时，其他类型的行动仍会继续在欧盟、北约或联合国指挥之下。

一个实际的问题是，英国脱欧后，如果在特定的紧急情况下，其他欧洲国家选择"共同安全与防务政策（CSDP）"作为部署框架时，英国是否愿意加入进来。现在一个有非欧盟成员国参与CSDP运作的机制业已存在。例如，亚洲、南美洲的许多国家已经向欧盟反海盗的"阿塔兰特"行动提供了船只。然而，伦敦已经指明这种机制的不足，因为它允许第三国为行动提供能力支持，但不让它们参与其战略方向的把控。鉴于英国在欧洲的军事实力，建立某种特殊的机制是明智的。但是如果伦敦想要一个特殊的地位，它也将不得不提供比其他第三国更特别的东西。英国脱欧后可能会继续让欧盟使用位于诺斯伍德的总部。作为回报，欧盟可以规划一下如何让英国结构性参与CSDP决策的机制，例如设置英国在欧盟相关机构中的席位，但没有投票权。

英国脱欧后，英国将以各种名义继续参与欧洲军事行动，甚至可能参加欧盟的军事行动。但是，英国是否能够像以前一样发挥领导作用，则另当别论。到目前为止，通常是伦敦和/或巴黎主动提议并为此达成联盟。但由于英国决策者忙于英国脱欧谈判以及脱欧带来的许多国内问题，因此英国用于战略领导的精力将越来越少。那么欧盟的问题是，是否法国单独能够胜任这一角色，是否德国会逐渐成长起来扮演这个角色。由于德国的历史，德国舆论对于在国外部署武装力量的问题仍然讳莫如深。尽管如此，德国还是取得了独特的进展：德国在阿富汗、伊拉克和马里部署了军队，这在20年前是不可想象的。如果柏林真的想要与巴黎一起支撑欧洲的战略防御，柏林将不得不在

防务领域发挥更强的主导作用。

英国脱欧对进一步发展欧洲的军事能力可能影响不大。如果有，英国脱欧事实上已经产生了积极的效果，因为公投加速了欧洲军事合作和一体化讨论。实际上，这并不是因为英国退出欧盟、其余成员国就会奇迹般地意见统一。诚然，英国以往否决了某些举措，主要是那些与建立新结构有关的举措。例如，欧盟的常设军事总部对英国来说是一条红线，因为英国认为这是对北约职能的过度重复。但英国从未反对那些通过合作乃至一体化来提升能力的多国计划。它很可能自己不会参与大多数此类计划，但也不会阻止其他会员国参与。另外，许多实际上并无太大热情的成员国总是能够躲在英国后面：如果事先知道英国人会否决某项提案，那么自己就可以表面上同意实际上反对，以免妨碍与倡议的成员国的良好关系。英国脱欧后，（对待提案，）这些成员国将不得不做出正面的回应。

2017年12月，PESCO启动。这表明欧洲国防现在势头良好。英国的不参与不会对PESCO的最终成功产生太大影响，因为一开始就没有人期望英国会参加。在欧洲公约和2003年宪法条约时期，英国和法国还是这些条约的倡议者，但伦敦后来失去了兴趣。现在PESCO已经启动，但它可能会对英国产生影响。英国对大型跨国项目或深层次的一体化从未十分热衷，但它已经建立了一些非常紧密的双边军事合作机制。2010年，它特别与法国签署了《兰开斯特宫协议》（*Lancaster House agreement*），并在此背景下建立了一支法英联合远征军（CJEF）。法英联合远征军的目标不是整合以创造出多国能力，而是以合作提高互通性；允许英国和法国部队一同部署。该英国部队也参与其他类似计划：英国与丹麦、爱沙尼亚、芬兰、拉脱维亚、立陶宛、荷兰、挪威及瑞典组成联合远征军（JEF）。然而在未来，法国或参加联合远征军的某个国家，将与PESCO框架内的他国部队有效地结合起来，那么英国在CJEF或JEF中将不再仅仅与国家层面的军事力量进行合作，而是与多国的欧洲

第七章　英国脱欧，战略及欧盟：英国离开

层面军事力量合作。从技术上讲，这是完全可行的。

随着 PESCO 和欧盟委员会 EDF 的发展步伐不断加快，英国的国防工业——与英国政府不同——可能希望加入进来。如果欧盟成员国有效地协调防务工作并启动一个单一的集体项目，来打造下一代的主要平台（和战略工具），那么这些平台和工具将主导欧洲市场。这是一个大胆的假设，但如果按预期实现，英国公司将会很有兴趣参加发展和建设欧洲未来武器和装备的工业联盟。像往常一样，英国人可能会静观其变，并且只有在 PESCO 和 EDF 开始成功的情况下才会上马。

经过综合考虑，可以判断英国脱欧可能不会影响到欧盟的防务政策。英国脱欧确实意味着英国将不再分担欧盟的预算，包括 EDF 和 EDA。要么其他成员国通过增加自己的份额来弥补，要么其他部门的预算将不得不重新分配到防务领域。英国脱欧还意味着许多英国工作人员将离开欧盟机构，而常驻欧盟的英国官员可能会留下来。即便如此，也还有不少申请比利时国籍的人（实际上，当人们认为做比利时人好于英国人，这本身可能代表着对英国的绝望）。

然而，欧盟对外事务部（EEAS）中三分之一的职位和欧盟军事部门的所有职位不是由欧盟官员，而是由各国外交官和军官担任。他们被借调到布鲁塞尔几年，通常会在事后返回国家机构。脱欧后，这些部门中的所有英国人员将自动离开。恰恰是英国人向欧盟派出了许多优秀人才——英国外交官和军官的卓越表现不容置疑（而我没有资格评判，领导他们的大臣是否优秀）。一位英国将军曾告诉我，在成员国借调布鲁塞尔的人员中，有"游泳的人""漂浮的人"和"下沉的人"。根据我的经验，英国人一直在"游泳的人"中占多数。

外交政策怎么办？

让英国参与欧盟外交政策，是相对于防务政策较少谈及的问题，也比前者复杂得多。在这方面英国与欧盟有共同的利益也是显而易见的。英国是一个重要的外交行为体。任何欧盟的立场，若能得到英国的赞同，并获得其广泛的外交网络和经验丰富的外交官的支持，就会有更大的分量。

反之亦然，在欧盟框架之外，并没有太多自主的余地留给英国外交政策。英国可以在一些特殊问题或对有特殊关系的个别国家施加重大影响。但单独面对世界政治的主要问题（比如乌克兰危机、中东战争、中国崛起），脱欧者能期待英国有什么样的影响呢？英国不再有足够的力量去发挥这些影响。想象一下，在一个重大问题上，欧盟采取明确的共同立场，与美国对话，布鲁塞尔和华盛顿协调意见并采取联合行动。英国能怎么办——反其道而行？在重大问题上，伦敦的回旋余地将局限于：或者加入欧盟和美国行动，或者根本什么都不做。如果欧盟和美国意见相悖（虽然特朗普政府不太可能这么做），伦敦将处于更加不舒服的地位，或者被迫在两边作出选择，或者再次保持沉默。英国显然会选择与欧盟在外交政策和防务上密切合作。

目前，还没有让第三国参与欧盟外交政策的机制。某些国家，特别是入盟的候选国，几乎是自动地附和欧盟的政策立场，但它们并没有真正参与欧盟的决策。此外，这个（上述）机制主要用于外交声明，很少涉及选举观察、制裁、民事行动或军事行动的实际决定。当然，我们也可以设想一下更切实际的解决方案：欧盟可以允许英国在外交部长理事会（Council of Foreign Ministers）和所有筹备机构中保留其席位，但没有投票权。以这种方式，伦敦可以自始至终对欧盟决策过程发表意见，而不仅仅是在程序结束时抉择是否同意欧盟决定。这样的安排肯定会有利于欧盟外交政策的质量。

结合欧盟防务政策的类似安排，通过北约继续进行磋商，建设欧盟与英国之间的战略伙伴关系——一种新型"特殊关系"。

第七章　英国脱欧，战略及欧盟：英国离开

是实用主义还是激情

不幸的是，并不是我们关切的所有问题都有切实可行的解决方案。在欧盟之内，事实上到处都充斥着一种复仇主义的态度：英国人应该受到惩罚，无论这种论调如何不公。当我第一次提出保留英国在外交事务委员会席位的想法时，一位成员国将军做了如下回应：要保留席位可以，让那英国人卑躬屈膝地恳求吧。尽管如此，但出台切实解决方案的最大障碍是英国人自己。与英国的实用主义名声相反，在关于欧盟和英国脱欧的讨论中，意识形态和激情盛行。这使英国政治领导人很难采取微妙的立场。英国首相特蕾莎·梅在2017年6月的选举爆冷失利①，这表明英国国内政治变得复杂多变。这显然不会让英国脱欧谈判变得更加轻松。

即使英国脱离欧盟，二者仍有很好的理由在外交和防务政策方面以及许多其他政策领域保持实际合作。警察与情报部门以及司法部门在打击恐怖主义方面的合作就是一个很好的例子。问题在于，当英国各部制定了清单，列出英国脱欧后仍希望与欧盟打交道的事务，被伦敦汇总起来后，结果看起来与做欧盟成员无异。脱欧后又保持成员的关系，这在政治上是不可行的，尽管清单上的每个项目都是完全合乎逻辑的。这表明了英国脱欧的荒谬之处：历时多年谈判如何离开欧盟，英国不得不马上开始另一轮谈判，讨论如何在各个领域与欧盟联系起来。

如果谈判的总体氛围持续不佳，那么外交和安全政策将面临风险，并且所提出的实际解决方案都不会落实，这将损害英吉利海峡两

---

① 2017年6月8日英国举行议会下院选举，英国官方结果显示，首相特蕾莎·梅领导的保守党未能获得单独执政所需的多数议席，英国出现"悬浮议会"，即无任何政党获得下院一半以上席位。

岸的利益。"硬脱欧"是完全可能的。与此同时，还存在一种较小的可能性：英国脱欧不会发生。一旦谈判结束并达成协议，情况很快就会清晰起来：脱欧者设想的"黄金未来"并不会到来。届时英国脱欧的经济影响也将变得更加明显。目前，这种影响还有限，因为政府和公司正在等待英国的未来尘埃落定。然而，向英国投资的流量将会放缓——没有人知道英国是否留在单一市场，没有人会着手进行重大投资。也许，如果有机会再次投票，英国公民会宁愿留在欧盟。

与此同时，欧盟本身（但愿如此）将取得进展，朝着深入一体化的方向前进，至少在法德为主的核心集团里如此。反过来，英国可能不太愿意加入这样一个集团。一些重要人士，包括欧洲议会前议员、比利时前首相、英国脱欧谈判代表居伊·伏思达（Guy Verhofstadt）已经表示，欧盟应该为英国最终回归敞开大门——但英国必须自愿放弃所有特权和过去授予它的退出条款。不幸的是，即使英国最终留下来——我个人希望如此——英国和欧盟其他国家之间也已经有了裂痕。

第八章
结论：我们这么做是为了哪个欧洲？

正当我写到本书荷兰语原版的一半时，法国总统选举的第二轮于2017年5月7日在中间派独立候选人埃马克龙和极右翼候选人勒庞之间进行角逐。如我所期待，埃马克龙有力地赢得三分之二的投票率（尽管很多人不投票）。一年之后，英国脱欧公投出乎我的意料。我也没有预料到特朗普会赢。但因为那是在英国公投得出结果之后，因此我多少有所准备，也就不再那么震惊了。比利时有句谚语是这么说的：当巴黎大雨倾盆，布鲁塞尔也会雨滴不断。然而，很明显，华盛顿和伦敦暴雨如注时，巴黎却有可能晴空万里。

焦躁不安

然而，自法国总统选举以来，我一直处于焦躁不安的状态。假如勒庞赢得选举，我可能会扔掉已经撰写到一半的书稿。法国极右翼总统就意味着欧盟的终结，毫无疑问它会导致严峻的系统性危机。民族主义且反欧盟的总统可能会使欧盟的决策机制瘫痪，它甚至会拒绝继续实施已有的欧洲法规。欧盟可能会完全停滞不前。到那时，欧洲外交政策，即本书主旨所在，将需要很长的时间才能完成；所有的注意力都不得不放在拯救欧盟上。勒庞取胜既不可能，又没有什么不可能。单凭她进入第二轮选举的事实足以给我们敲响警钟。2022年，如果埃马克龙并不能像我们所希望的那样成功，那么，下次选举将会发生什么呢？

　　无论我怎样左思右想，总是得出同样的结论，为此我很担忧：欧盟比我设想的还要脆弱得多。欧盟经历2008年的金融危机与后续欧元区的种种问题之后，域外观察者们喜于预测欧盟不久就会解体。我对这些末日鼓吹者的回应一直是：欧洲一体化发展到现在，不会说解体就解体。这不仅是因为废除欧元、单一市场、申根区（无边境）需要付出沉重的经济代价，也是因为欧洲概念已经成为我们身份特征的一部分。我仍然坚信于此。然而，不管怎样，在《罗马条约》签订60周年之际，欧洲一体化能否继续发展或停滞不前取决于成员国的选举结果。

　　更糟糕的是：民主国家依然非常脆弱。在美国，尽管某人已在竞选中表明他会毫不犹豫地制造"虚假新闻"以使对手身败名裂，也会毫无顾忌地辱骂令其不快的个人或全体国民，这个人居然仍旧当选总统。很明显，他毫无廉耻之感。我们见证了身为总统的他是如何在推特上继续辱骂人们。在英国，脱欧公投期间，支持英国脱欧者很明显说了假话并且夸下海口（最典型的就是，他们承诺如果英国退出欧盟，每周会有3.5亿英镑用于国民医疗保健服务）；公投次日，他们厚颜无耻地收回了这个承诺。是否还有人有知廉耻之能力？显然，匈牙利首相维克托·奥尔班（Viktor Orbán）没有。他很干脆地宣布，他的国家寻求建立一个"非自由民主体制"。然而，他已成功连任两届。2017年的法国选举中，有三分之一的选民支持了极右阵营。

　　选民并不总是对的。在一场民主选举中，任何为非民主候选人投票者，或任何支持肆意愚弄民主制度候选人的投票者，都是非常错误的。显然，他们丝毫没有历史责任感。对我而言，这是对欧洲民主与

第八章 结论：我们这么做是为了哪个欧洲？

和平最大的威胁。

回归基本原则

面临所有这些挑战，我的专长远不能为其提供所有答案。然而，对于一件事，我很肯定：即使是最好的对外安全政策也不能修复这种情况。也许，对我而言很遗憾，因为我自己从事这一领域。然而，这终究不是使人夜不能寐的原因。答案必须来源于社会与经济政策，特别是欧盟层面的政策。正如我如上所述，我们的欧洲社会视平等为重要目标，从而在安全、政治、经济领域使自己有别于多数其他社会。这就是人们希望政府所做的。但是，很多人有这样的印象：欧盟不再热衷于平等，甚至他们已经将欧盟视为福利国家的威胁。我们需要用一个抱负远大的社会议程再次说服欧洲公民：欧盟正是其社会安全的最终担保者。

在对外推广欧盟的经典范例中，福利国家这一点时常被遗忘。内部边境的消失，欧元的采用，以及自2017年6月以来手机漫游费的取消，都成为我们推销欧盟成功的例子。所有这些都很具体，且易于帮我们解释欧盟的优势。当然，不用见海关官员或不用换汇，就能在几乎所有欧洲国家畅通无阻地通行是非常了不起的。同样了不起的是，通过伊拉斯谟项目，越来越多的欧洲学生能够在另一个成员国进行为期一学期或更长时间的学习。因此，我的很多学生都有一个外国男友或女友。大学生真的是欧洲公民甚至是全球公民，但是并不是所有人读大学，也不是所有人都在旅行。即使是在像比利时这样富裕的国家，也有四分之一的人从来不旅行，因为很简单这些人没有钱。申根区对他们而言又有何意呢？

在通常的欧盟故事里，我们遗忘了一大群人，因为我们忘掉了欧洲故事本身的另一半。通常所说的欧盟成立之谜讲述了睿智的前辈的故事，他们历经了惨痛的第二次世界大战，渴望阻止悲剧重演，领导欧洲诸国走上一体化之路，从而在实践层面使战争在这些国家之间不可能发生。这个故事是真实的，然而只是故事的一半。同样睿智的前辈也见证了20世纪30年代的经济危机。欧洲民主体制没有应对危机之策，不平等显著增长，社会凝聚力支离破碎，极右和极左处势力占据优势地位。在多数欧洲国家，民主体制在战前就垮了，法西斯专政当权。在战后的这些年，为了阻止无所不能的"强人"再次诱惑欧洲人，同样睿智的前辈不仅推动了欧洲一体化，而且建立了全面的福利制度。特别是在危机时期，福利制度提供的社会缓冲剂保障了平等，从而使政治极端主义不能扎根，民主制度不受威胁。因此，福利制度是欧洲和平计划的一部分，亦是欧洲一体化的一部分。

然而，很多人视福利制度为一种奢侈品。当你能负担得起时，拥有福利制度就很好；但是当事情变得糟糕之时，人们很容易抛弃福利制度。然而，相反的情况也的确是事实：经济情况变得越糟糕时，福利制度就变得越重要。这就是为什么在2008年金融危机发生之后，欧盟起初施压其成员国使之缩减社会保障开支，结果给欧盟的合法性基础带来极大负面影响。此外，我们现在有了单一市场和单一货币，这就暗示福利制度不再仅仅是成员国层面的一个项目。欧盟不仅必须要保障国家福利制度，而且必须要制定自己的社会政策。我并不幼稚：建立有效的欧盟社会政策并不简单，而且即便我们这么做了，也不能一下子使所有人确信欧盟的优点。我的姓可能是主教之意，但是我不相信奇迹。然而，我坚信，如果没有社会政策这一维度，福利制度是不会发挥作用的。

追求平等是一个积极的项目，但是欧盟同时也应该在这方面更加严格。欧盟应该对不再尊重公民政治平等、破坏民主制度与法治的成员国更加严厉。当成员国在本国管辖范围内采取违背民主原则的行动时，布鲁塞尔也没有明显地警示这些成员国。欧盟委员会在反击。然

第八章 结论：我们这么做是为了哪个欧洲？

而，欧洲域内域外的印象是成员国政府，比如奥尔班政府，正在逃脱处罚。当成员国不再尊重民主准则之时，即使它们是在本国管辖权之内行事，它们也不能继续留在欧盟，这一点应该非常明确。也许，欧盟应该尽快诉诸制裁，并取消那些令欧洲民主体制蒙羞的成员国的投票权。不然，假民主主义者不仅会伤害他们自己的国家，也会开始"积极地"破坏欧盟决策机制。很多成员国甚至毫不犹豫地公开接受俄罗斯这类外部行为体的指令，而这些外部行为体则会抓住一切机会煽动成员国之间的内斗。显然，"非自由的民主"当然不存在。如果欧盟不弄清楚这点，不对内强化自己的价值观，那么它很难去假装奉行以价值观为基础的外交政策。

一个核心集团？

反对者时常表示，欧盟对外部批评的通常回应是：我们需要更多的欧盟。然而，事实的确如此。当然，欧盟并非完美无缺，无须批评。显然，我们也不是意图要把所有的权限都移交给欧盟。每个权限必须在治理最为有效的层面行使。很多至今仍然由成员国处理的事务事实上应该放在欧盟层面解决。在由陆上大国主导的世界里，如果我们还想要保留一点影响力，我们欧洲人只能选择在大陆联盟中团结一致。

理想的情况是，欧盟作为一个整体，与英国脱欧后的27个成员国一起，在进一步推进一体化进程中采取必要措施。遗憾的是，这是不可能的。那么，建立一个核心集团或先锋集团是次好的选择，而此先锋集团由成员国中有意愿进一步发展一体化的较少部分成员国组成。欧元区和申根区亦始于较少成员国，但是现在大部分成员国都已加入两区。一个新的核心集团最好是由愿意同时在数个领域采取新措施的成员国组成：经济、金融、社会、外交与防务政策。如果我们在各个领域建立独立集团，那么欧盟在冒着成为一片混沌状态的风险，其发展没有重心可言。通过常设的结构性合作机制，我们已经建立了独特的防务集团。然而，由于此防务集团由25个成员国组成，所以在这一框架下组建由部分国家构成的核心集团不是不可能。这些国家将会参与所有关键能力建设项目，并且在防务一体化上愿意进一步发展。任何核心集团的核心必须是法德轴心，它会一如既往地成为欧洲一体化的发展引擎。

  一个以不同速率发展的多面欧洲或许是不可避免，但是这确实需要付出一定的代价。为了对之进行管理，任何核心集团必须具有包容性。也就是说，当起初不愿加入的成员国在后期想要共同实现承诺，它们理应有自动加入的权利。但是，问题在于欧盟能否避免东西欧成员国之间的分歧。布鲁塞尔与布达佩斯和华沙之间的关系不好，因为委员会时常因两个政府的非民主决议而责备它们。那么，谁会加入一个综合的核心集团（在已涉及的政策领域）呢？当然，有创始六国，可能外加西班牙和葡萄牙，同时也有一些北部成员国，但是很可能没有任何东欧国家在第一轮时加入此集团。

  挑战在于维护泛欧盟的身份认知以及政治动态。否则，如果东欧成员国不再感到自己是欧盟的正式成员国时，东欧就可能出现地缘政治真空的风险。鉴于防务，它们仍然会指望北约和美国，但是联盟中的趋势实际上是主张更多的欧洲责任、更少的美国自动介入。2017年7月6日，波兰政府为特朗普组织公众庆祝会。特朗普则很张扬地享受庆祝会，并且很乐意地加入"官僚主义威胁"的波兰话语之中——显然这是对欧盟的含沙射影。但是这对波兰又有什么好呢？波兰（或是匈牙利）不是英国：脱欧等同于经济与政治自杀。特朗普不会补偿它们的经济损失。当前形势不是没有风险。如果我们真的在联盟中允许裂痕的出现，普京会毫不犹豫地利用它们。

  既然需要付出代价，那么建立一个核心团体就必须值得花时间，

第八章　结论：我们这么做是为了哪个欧洲？

并且必须真正地采取举措。如果打造核心集团只不过是敲敲边鼓，那么我们还不如根本不做。核心不可能是虚空的。

大政治活动

这当然也适用于欧盟大战略、外交与防务政策。2016年6月，莫盖里尼介绍的《全球战略》就是在大战略层面运行。这就是关于大写P的政治学——强权政治，但是那不是欧盟一直以来在做的事。如果人们不具备太多先验知识就去读《全球战略》，那么他或她很可能会充满好奇地了解欧盟是如何跟美国、中国和俄罗斯建立战略关系，欧盟是如何解决它周边的战争问题，以及它又是如何试图塑造未来全球秩序的。这正是欧盟理应做的，正如我在本书中所述，这也是欧盟能力之所在。然而，事实上，欧盟在实施《全球战略》时并没有像其对程序的关注那样那么聚焦于强权政治上，它用到的只是小写的"p"。欧盟开始了该进程，建立了程序，撰写了实施计划，这反过来促使了更多进程与程序的形成。貌似欧盟在是否使用其具备的权势上犹豫不决。其实，欧盟既不是要玩强权政治，也不是要模仿其他强权，而是要利用其权力来追求一个独特的欧洲大战略与一个积极的世界政治议程。

"处理公开的异议要比处理原则上达成的协议宣言容易得多，后者掩盖了将协议付诸实践的潜在踌躇。公开反对表现为可以克服的障碍，但是犹豫不决的默许时常导致在进展中掉链子。"这句出自英国战略家巴兹尔·利德尔·哈特（Sir Basil Liddell Hart）的话指的是1919年至1939年英国的军队改革，但是今天这段话特别适用于欧洲外交与防务政策。欧盟成员国时常支持某项提议，但是事实上它们深知它们没有本心去实施该提议。《全球战略》是一个恰当的例子。一项方案完全受阻的情况也不是时常发生。更多的时候，方案随着时间逐渐削弱，终以模糊且一般性的结论收尾。所有成员国都同意这些结论，然后就将之丢在那里，无人问津。自1998年开始就有成员国坚持主张进一步的防务合作是欧洲取得战略自主的唯一方式。有时，我感觉相关决策者更愿意从事我的工作：他们谈论它，撰写它，但是不付诸实践。

  就外交与防务政策而言，欧盟决策机制仍然要求一致通过，这毫无益处。这样做的结局是欧盟政策往往被削弱至最低水准。事实上，没有任何好的理由能够解释，为什么欧盟成员国在外交政策上不能像它们在很多其他领域那样采用多数表决的原则。反正在发起军事行动时就是不能采用该原则：也就是说，只有在我们拥有真正的欧洲军队之时，才能使用多数原则；只有当我们士兵的名单在欧盟工资表上时才行。然而，在大战略的所有其他维度上，为什么不能采用多数表决原则呢？很遗憾的是，比利时差不多是在共同外交与安全政策方面正式支持多数决策原则的唯一成员国。

  作为比利时人，我时常感觉我们是最后的莫希干人，是仅有的一些对欧洲一体化持乐观态度的人。然而最终，我觉得这个判断不是事实。此外，它也不是一个很值得羡慕的判断。读过詹姆士·菲尼摩尔·库珀（James Fennimore Cooper）书的人都知道该立场的结局如何：最后一代莫希干人死了，英国赢了。不管存在着多少障碍，不管我们能够想象到多少欧洲一体化无法成功理由，事实上欧洲人已经在欧盟取得了巨大进步，而且他们还将继续前进。但是，这也正是本书的重点所在：我们到达了绝对有必要迈出另一重要一步的时刻。欧洲是伟大的。我们让欧洲继续伟大下去！

缩 略 语

A2/AD　Anti-Access/Area Denial 反介入/区域拒止

ACT　Allied Command Transformation 北约盟军转型司令部

AIIB　Asian Infrastructure Investment Bank 亚洲基础设施投资银行

APEC　Asia-Pacific Economic Cooperation 亚洲太平洋经济合作组织

AWACS　Airborne Warning and Control System 机载预警和控制系统

BRI　Belt and Road Initiative "一带一路"倡议

BRICS　Brazil, Russia, India, China and South-Africa 金砖国家（巴西、俄罗斯、印度、中国、南非）

CBSD　Capacity-Building for Security and Development 欧盟安全与发展能力建设

CCP　Chinese Communist Party 中国共产党

CETA　Comprehensive Economic and Trade Agreement 综合经济贸易协定

CFSP　Common Foreign And Security Policy 共同外交与安全政策

CIA　Central Intelligence Agency 美国中央情报局

CJEF　Combined Joint Expeditionary Force 法英联合远征军

CSDP　Common Security and Defence Policy 共同安全与防务政策

EAEU　Eurasian Economic Union 欧亚经济联盟

EaP　Eastern Partnership 东部伙伴关系

EATC　European Air Transport Command 欧洲空运指挥部

ECSC　European Coal and Steel Community 欧洲煤钢共同体

ECU　European Currency Unit 欧洲货币单位

EDA　European Defence Agency 欧洲防务局

EDC　European Defence Community 欧洲防务共同体

EDF　European Defence Fund 欧洲防务基金

EEAS　European External Action Service 欧盟对外行动署

EEC　European Economic Community 欧洲经济共同体

ENP　European Neighbourhood Policy 欧洲睦邻政策

ESDC　European Security and Defence College 欧洲安全与防务学院

EU　European Union 欧盟

EUGS　European Union Global Strategy 欧盟全球战略

EUMS　European Union Military Staff 欧盟联合军事参谋部

EUTM　European Union Training Mission 欧盟军事训练部队

FBI　Federal Bureau of Investigation 美国联邦调查局

FPS　Federal Public Service 比利时联邦公共服务

FTA　Free Trade Agreement 自由贸易协定

GCC　Gulf Cooperation Council 海湾阿拉伯国家合作委员会

GDP　Gross Domestic Product 国内生产总值

GNP　Gross National Product 国民生产总值

ICBM　Intercontinental Ballistic Missile 洲际弹道导弹

IS　Islamic State "伊斯兰国"

ISTAR　Intelligence, Surveillance, Target Acquisition and Reconnaissance 情报、监视、目标捕获和侦察

JEF　Joint Expeditionary Force 联合远征军

LGBT　Lesbian, Gay, Bisexual and Transgender 女同性恋、男同性恋、

双性恋和跨性别者

MEP　Member of the European Parliament 欧洲议会议员

MINUSMA　United Nations Multidimensional Integrated Stabilization Mission in Mali 联合国马里多层面综合稳定团

MIT　Massachusetts Institute of Technology 麻省理工学院

MP　Member of Parliament 议会议员

MPCC　Military Planning and Conduct Capacity 欧盟军事计划与实施能力指挥中心

NAFTA　North American Free Trade Agreement 北美自由贸易协议

NATO　North Atlantic Treaty Organisation 北大西洋公约组织

NDPP NATO Defence Planning Process 北约防务规划进程

NGO Non-Governemental Organisation 非政府组织

OBOR One Belt, One Road "一带一路"

PESCO Permanent Structured Cooperation 欧盟永久结构性合作

PRC People's Republic of China 中华人民共和国

R2P Responsibility to Protect 国家保护责任

Ret.　Retired 已退休

SACEUR Supreme Allied Commander Europe 欧洲盟军总司令

SHAPE Supreme Headquarters Allied Powers Europe 欧洲盟军最高司令部

THAAD Terminal High Altitude Area Defense 末段高空区域防御

TPP Trans-Pacific Partnership 跨太平洋伙伴关系协定

UGent Universiteit Gent 根特大学

UK United Kingdom 联合王国（英国）

UKIP United Kingdom Independence Party 英国独立党

UN United Nations 联合国

UNCLOS United Nations Convention on the Law of the Sea 联合国海洋公约

UNIFIL United Nations Interim Force in Lebanon 联合国驻黎巴嫩临时部队

US United States 美利坚合众国（美国）

USSR Union of Socialist Soviet Republics 苏维埃社会主义共和国联盟（苏联）

VUB Vrije Universiteit Brussel 布鲁塞尔自由大学（荷语）